AEON と180の専門店。
イオンモールむさし村山ミュー

ほかにも楽しいショップがいっぱい!

WARNER MYCAL CINEMAS

MYCAL

12のスクリーンでお好きな映画を! おトクな割引も要チェック!

3D対応 3スクリーン

全2,200席中900席のリアル3D対応スクリーン数は、近隣でも最大級! 鑑賞料金にプラス¥300で、3D映画をご覧いただけます! ※ワーナー・マイカル 3D専用メガネ代(¥100)が別途かかります。

ゴールドクラス

鑑賞料金にプラス¥500。ワンドリンク付の特等席、よりゆったりと快適にご鑑賞いただけます。

窓口料金

割引券・各種ポイントカード・前売券は最初に窓口にご呈示ください。
前売券や無料鑑賞券、その他鑑賞券は窓口で座席指定席券とお引換えください。

一般 ¥1,800／大・高生 ¥1,500／小・中学生 ¥1,000／幼児 3〜6歳 ¥900
身障者割引 付き添いの方1名さままで ¥1,000／シニア割引 60歳以上の方 ¥1,000

割引料金

※各サービスを実施しない日もございます。詳しくは劇場にお問い合わせください。
※各割引料金プラス¥500で「ゴールドクラス」もご利用いただけます。

■ファーストデイ(毎月1日)	¥1,000	■モーニングショー(平日)	¥1,200
■レディースデイ(月曜日)	¥1,000	■レイトショー(毎日)	¥1,200
■どなたでもお二人で(金曜日) お一人	¥1,000	■60歳以上のお客さま(毎日)	¥1,000
■お客さま感謝デイ(毎月20日)	¥1,000	■夫婦50割引どちらかが50歳以上のご夫婦(毎日)	¥2,000

●ワーナー・マイカル・シネマズ(3F)<シネマ・コンプレックス>
●営業時間/10:00〜24:00 ※上映作品により延長する場合がございます。※入場は22:00までとなります。
●TEL:042-567-8717(自動音声案内) ●http://www.warnermycal.com/cinema/musashino/

こころ・頭・からだがイキイキ育つ

ボーネルンド あそびのせかい

広さ700m²!

親子の室内あそび場 **KID-O-KID《キドキド》**

遊びながら、たくさんのことを学ぶ子どもたちのために。
キドキドは、心身の健やかな成長を促す室内あそび場。

〈キドキドご利用料金〉

	最初の30分	延長10分ごと
子ども一人(6ケ月〜12歳)	¥600	¥100
大人一人	終日¥300 ※延長料金なし	途中入場および交代される保護者の方も施設利用料を頂戴しております。

1日フリーパス 販売しない時期があります	●当日のみ有効 ●平日限定 ●何度でも入退場可 ●滞在時間無制限	¥1,500	子ども1人+大人1人
平日フリーパス 販売しない時期があります	●ご購入日から1ヶ月間有効 ●平日限定●時間無制限 ●ポイントカードまたはボーネルンド会員限定(購入時・利用時に要呈示)	新規購入 または 第1子 ¥4,200 / 継続購入 または 第2子 ¥3,500	子ども1人+大人1人

※詳しくはスタッフまでお問い合わせください。

●キドキド(1F)〈アミューズメント〉 営業時間/10:00〜19:00(受付18:30まで) TEL:042-516-8032

世界の優れた「あそび道具」の専門店　キドキドのあそびをおうちでも!

ボーネルンドショップ

●ショップ(1F)〈アミューズメント〉 営業時間/10:00〜19:00 TEL:042-516-8033

お車でのご案内

●五日市街道より「砂川三番」交差点より北へ約3km
●新青梅街道より「本町1丁目」交差点より南へ約630m
●青梅街道より「かたくりの湯入口」交差点より南へ約1km

無料駐車場 約4,000台

バスのご案内

●多摩都市モノレール・西武拝島線 玉川上水駅より
●JR中央線・南武線 立川駅より
●西武拝島線 東大和市駅より
●JR昭島駅・箱根ケ崎より

各駅より運行中

各バス路線の時刻表・所要料金については、ホームページをご覧ください。

営業時間

ミュー専門店街・ノースタワー
10:00〜22:00
※店舗により一部異なります。

グルメミュージアム(レストラン街)
10:00〜23:00
※一部店舗は11:00開店、オーダーストップは店舗により異なります。

イオン 9:00〜23:00
TEL:042-516-0300(代)

詳しくはホームページをご覧ください。
イオンモールむさし村山ミュー　検索　クリック!
http://musashimurayama-mu.aeonmall.com

AEON MALL
イオンモールむさし村山ミュー

〒208-0022 東京都武蔵村山市榎1丁目1-3 TEL:042-566-8111

―お仏壇のデパート―
お仏壇のセレモアつくば
安心の品質
10年保証
セレモアつくば
2011年
お盆特別大ご奉仕会
お仏壇は末永くお守りするものです。お求めの節には多少ご遠方でもぜひご来店ください。
開催期間
~8/21(日)まで
古いお仏壇はお引き取りし、「お焚き上げご供養」を承ります。
お問合せ・資料請求は
0120-58-1121
仏壇・仏具・神具の専門店チェーン
○立川総本店 ○新宿本店 ○八王子本店 ○東大和本店 ○坂戸本店
○所沢本店 ○京王百貨店新宿店 ○京王百貨店聖蹟桜ヶ丘店 ○国立店
○仏壇ギャラリー香咲 立川駅北口店 ○仏壇ギャラリー香咲 福生店 ○仏壇ギャラリー香咲 ららぽーと横浜店
盆提灯 大特価 特設コーナーがございます。
盆提灯 ご予約承ります
・京王百貨店新宿店および京王百貨店聖蹟桜ヶ丘店ではお盆提灯のお取り扱いはいたしておりませんのでご了承ください。
日本テレビ番組提供
ぶ・ら・り 途中下車の旅
毎週土曜日
AM9:30~10:30
●お花・介護用品・患者移送から お葬儀のことまで●
―家族が安心―®
《特別割引特典の会員制度》
ISO9001 審査登録・品質と経済性の
ファミリーライフクラブ®
―特にお葬儀(当社一般葬儀 基本価格)の50%割引が経済的です。―
●会員特別割引特典は事前のご入会により適用となります。
家族が安心…
だから
ファミリーライフクラブ
イメージキャラクター
元 NHK エグゼクティブアナウンサー
宮田 修
ご入会のお申し込み 資料請求は…
0120-470-470
セレモアつくば
ファミリーライフクラブ事務局
・立川本部 東京都立川市柏町1-26-4
サービスエリア
埼玉県
山梨県
東京都
神奈川県
千葉県
◆品質保証の国際規格 ISO9001 審査登録(葬祭サービス)
Eternal Heart
株式会社セレモアつくば®
CEREMORE TSUKUBA
葬儀・斎場・仏壇
セレモアつくば 検索
QRコード対応の携帯電話からセレモアつくばにアクセスできます。

多摩に生きる大人のくらしを再発見する —— TAMA-La vie

多摩ら・び

2011・6

No.68

特集 武蔵村山

MUSASHI MURAYAMA

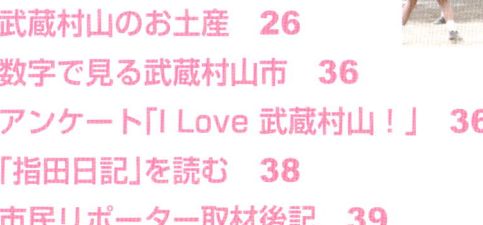

「多摩ら・び」の、ら・びとはフランス語で生活、人生などの意味です。
表紙デザイン／編集部　写真提供／武蔵村山市役所

里山民家

里山民家は、狭山丘陵周辺に実在した民家をモデルに平成12年に新築されました。当時の暮らしがそのまま再現された母屋ではお弁当を食べることもできます。茅葺屋根の民家で、1日ゆったり過ごしてみませんか。

9:00～17:00(3月～9月)、9:00～16:30(10月～12月)年末年始休み／岸2-32／立川駅北口より箱根ケ崎方面行きバス、「岸」下車10分／042-531-2330

取材マップ 武蔵村山

市民リポーターがご案内します

本文で紹介するスポットのおおまかな位置を示しました。

＊Ａ～Ｌと数字は、地域･テーマ別のスポットを色分けして紹介してあります。

＊詳しい地図は掲載頁をご覧ください。

地図制作／濱田良章

Ａ むらやま歳時記（P6～8）

① 湖南衛生組合菖蒲園　② かたくり群生地
③ プリンスの丘公園(村山デエダラまつり会場)
④ 宿薬師堂(双盤念仏)　⑤ 十二所神社(三ツ木天王様祇園ばやし)
⑥ 長圓寺(横中馬獅子舞)

Ｂ 村山団地･学園･大南地域（P10～15）

① 都営村山団地中央商店街　② もりのこむぎ(パン)
③ ホープ軒(ラーメン)　④ 吾妻屋(せんべい)　⑤ お茶の森田園
⑥ シャトー洋菓子店　⑦ ナカノカメラ･スタジオジャムジャム
⑧ 小川家草寿庵(和菓子)　⑨ 陽だまり　⑩ チェリー(喫茶)
⑪ とちの実(ギャラリー)　⑫ サンコー化学(洗剤)

Ｃ 伊奈平･三ツ藤地域（P16～17）

① 萌留珠(パン)　② ヴェルデ(アイスクリーム)　③ 陶桃(中華料理)
④ 入清(蕎麦)　⑤ 文明堂壹番館　⑥ 天乃屋(せんべい)

Ｄ 武蔵村山の伝統工芸（P18）

① 村山織物協同組合事務所　② 市立歴史民俗資料館

車外広告がアートになっているMMシャトル。(写真提供／武蔵村山市役所)

市内の交通事情

現在は鉄道駅のない武蔵村山。公共の交通機関として、バスの役割が重要です。多摩モノレール上北台駅／玉川上水駅、西武拝島線武蔵砂川駅、イオンモールを拠点に市内を循環する「MMシャトル」をはじめ、JR立川駅北口、JR青梅線昭島駅からは立川バス、JR立川駅北口(西武拝島線東大和市駅経由)から西武バス、青梅街道を都営バスが運行しています。

上北台から箱根ケ崎まで、新青梅街道に沿って多摩都市モノレールの延伸が予定されており、市はその早期実現に向けて積極的に取り組んでいます。

新青梅街道に設置された、モノレール延伸についての看板。

武蔵村山市は、
緑と住環境の調和がとれたまちです。
休日は
里山や名所・旧跡を巡り、リフレッシュ。

人と人との絆を大切にしたまち、
〝武蔵村山市〟に是非お越しください。

武蔵村山市長　藤野　勝

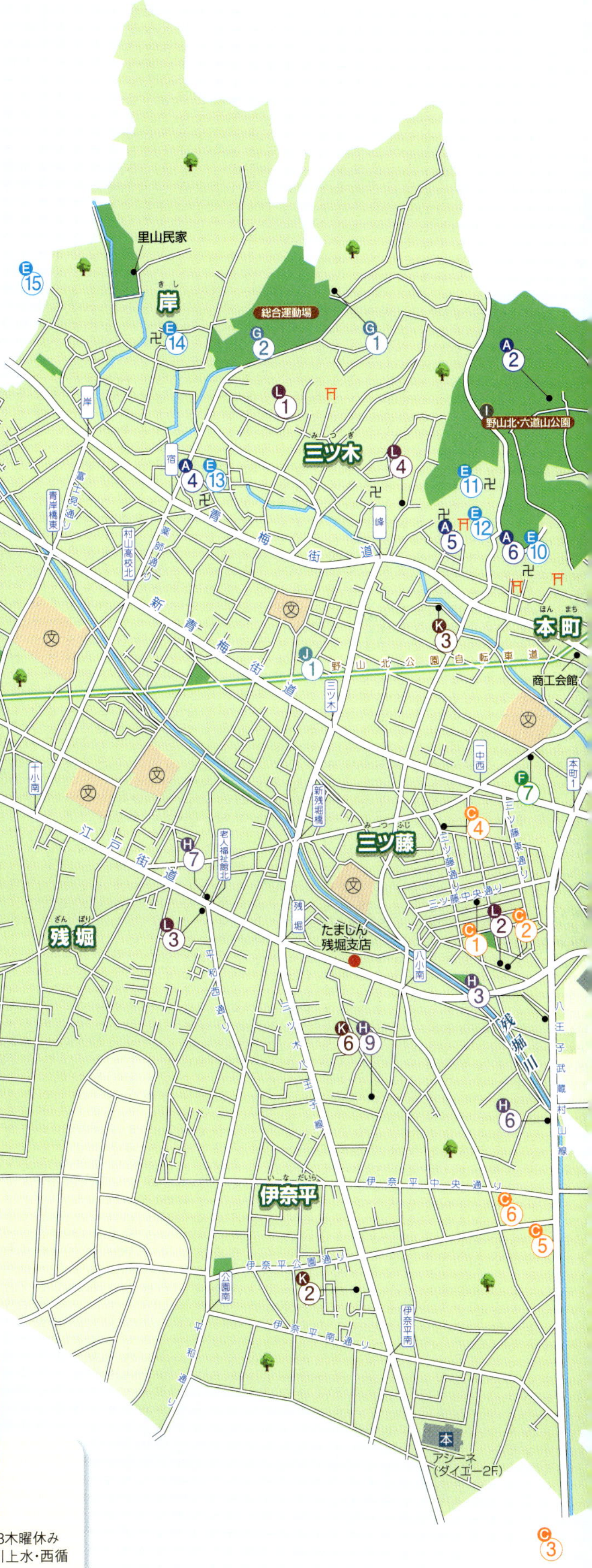

E むさしむらやま歴史散策 (P19～21)

① 三楽荘　② 熊野神社　③ 仙元神社　④ 大日堂庚申塔　⑤ 眞福寺
⑥ 六ツ指地蔵尊　⑦ 御伊勢の森神明社　⑧ 萩の尾薬師堂　⑨ 吉祥院
⑩ 長圓寺　⑪ 龍の入不動尊　⑫ 十二所神社　⑬ 宿薬師堂　⑭ 禅昌寺
⑮ 阿豆佐味天神社

F 本村 東(横田・中藤地域) (P22～23)

① 武蔵村山市役所 ② 市民会館(さくらホール) ③ みどりっ子(野菜直売)
④ 比留間豆腐店　⑤ フラワーショップみねぎし
⑥ のぞみ福祉園　⑦ 悟空家(中華料理)

G 本村 西(岸・三ツ木地域) (P24～25)

① 屋外体験学習広場　② 総合体育館

H 武蔵村山のお土産 (P26)

① 比留間豆腐店　② 田舎屋(ゆでまんじゅう)
③ 手打ちうどん えのさん　④ 小西商店(韓国食品)
⑤ もりのこむぎ(パン) ⑥ コマ(家具) ⑦ ケーキ工房 ラ・ブーム
⑧ MMペン　⑨ 村山かてうどん半生麺

I 狭山丘陵 都立野山北・六道山公園 (P27～29)

J 軽便鉄道廃線跡紀行 (P30～31)

① 野山北公園自転車道　② 横田トンネル
③ 赤堀トンネル ④ 御岳トンネル ⑤ 赤坂トンネル

K 愛すべき小麦粉伝統食 (P50～53)

① 翔(村山うどん)　② すだち家(村山うどん)
③ 満月うどん(村山うどん)　④ 長嶋屋(村山うどん)
⑤ 野山(うどん販売)　⑥ 比留間製麺有限会社

L 村山の土を育む人々 (P54～55)

① 下田園(みかん)　② ブルーベリー園ヴェルデ
③ ひるま農園(梨)　④ 本比園製茶

村山温泉 かたくりの湯

地下1,500メートルから湧出する天然温泉の「温泉入浴ゾーン」は、和風と洋風の異なったテイスト(男女入れ替え)。プールを中心とした「健康増進ゾーン」では、運動やリラクゼーションで健康づくりを。レストランや温泉スタンド、市の特産品販売など、1日中楽しめる温浴施設です。

10:00～23:00(最終受付22:00)／第3木曜休み
本町5-29-1／MMシャトル上北台・玉川上水・西循環ルート「村山温泉かたくりの湯」下車
042-520-1026
http://www.katakurinoyu.com/

市民リポート

祭りと花の武蔵村山
むらやま歳時記

取材・文・撮影／河原塚達樹、清水 直、瀬川洋子、向田久子
取材協力／丸山美保子　写真提供／武蔵村山市役所

10月下旬（土・日曜）

デエダラボッチ、現る
村山デエダラまつり

会場：プリンスの丘公園周辺（地図は4頁参照）

高さ5メートル、幅6メートルの巨大なデエダラボッチ（※）の山車を中心に、色とりどりの山車の運行がメインイベント。「村山デエダラまつり」は、武蔵村山を代表する一大イベントです。

「地元に残る伝承をまちおこしに」と、平成18年から始まった村山デエダラまつり。第1回から5年間担当してきた前・事務局の児玉眞一さんは、「見る祭りから、市民が参加する祭りを目指しています」と、熱く語ります。

まず、メインとなるデエダラボッチの山車のデザインを公募、決定したデザイン画をもとに、内照式の山車……すなわち〝ねぶた〟の制作を本場である青森県むつ市の城ヶ沢倭武多《ねぶた》実行委員会に依頼。山車の引き手は毎年、市民から募ります。最初は数が少なかった山車も、ねぶた作り講習会を実施するなどの成果もあって、市内の自治会や愛好会、都立高校の生徒が作った山車など、年々顔ぶれが賑やかに

前・事務局の児玉さん（第1回村山デエダラまつりにて）。

1月1日
御伊勢の森神明社元旦祭

4月下旬
横中馬獅子舞例大祭（→8頁）

7月上旬
十二所神社夏まつり（→8頁）

8月上旬
日吉神社夏まつり

8月中旬
入り天神太鼓夏まつり

8月下旬
観光納涼花火大会

9月
残堀神明社秋まつり

9月下旬
御伊勢の森神明社例大祭

10月8日・12日・22日
薬師念仏鉦はり（→8頁）

10月下旬
村山デエダラまつり

11月上旬
市民文化祭

むらやま 花の見頃

菖蒲　6月初旬～下旬
場所：湖南衛生組合菖蒲園
（地図は4頁参照）
池や水路が整備された園内に、花菖蒲が約30種3000株。通常は日・祝日休園ですが、6月中は無休。

カタクリ　3月下旬～4月上旬
場所：市立野山北公園カタクリ群生地
（地図は4頁参照）
武蔵村山に春を告げる、約2万株のカタクリの花。春風に揺れる紫色の可憐な花を、遊歩道から楽しめます。

桜　4月上旬
場所：野山北公園自転車道
（30～31頁参照）
全長約4キロメートルに渡ってまっすぐに伸びる桜のトンネルが見事。自転車で走り抜けると最高！

たくさんの市民団体も参加。子どもたちの体験活動を行っている「おもろば・おおみなみ」（12頁掲載）では、「デエダラまつりでキッザニア」と題して、子どもたちが手作りの燻製やハムなどの売り子を行います。また、模型用モーターを使った手作り綿あめ機で綿あめも販売。1回20円で、しかも自分で作ることができていつも大人気です。　（河）

※デエダラボッチとは？

武蔵村山で古くから語り継がれている伝説の巨人が「デエダラボッチ（大多羅法師）」です。全国各地に多数あるデエダラボッチ伝説ですが、武蔵村山では浄土山（神明2丁目）を運び、巨大な足跡が井戸になったと言われています。

大多羅法師の井戸

岸自治会作の「親子きんぎょ山車」。

NPOむさしむらやま子ども劇場（おもろば・ほんまち）の子ども達がみんなで作った「村山子ども山車」。

市民交流の一環としてむつ市から参加している城ヶ沢倭武多実行委員会による「春日大社山車」。

姉妹都市の長野県栄村の郷土芸能「栄太鼓」。打ち手は全員女性。

村山の食文化、村山うどん。5kgの村山うどんを男女4人のチームで食べ尽くす"名物企画"村山うどん粋麺（イケメン）団体選手権、18分間の大食いバトルです。

ゴミ"0"を目指しエコパークを設け、生ゴミを堆肥にする実演。環境にやさしい祭りを目指します。

なってきました。

　夜に行われる山車運行のほかにも、ダンスコンテストやビンゴ大会などさまざまなイベントをはじめ、地方物産展、市内外の飲食店や団体の出店などもあり、さながらフェスティバルの様相。こうしたイベントを企画・運営しているのも、60名を超える市民からなる実行委員会。祭りといえば「見るもの」というイメージがありますが、この祭りはいろいろな形で市民が〝参加〟し、作り上げているのです。また、それらのイベントの中には「横中馬《よこなかば》獅子舞」や「薬師念仏鉦《かね》はり」などの郷土芸能も。古来からの〝祭礼〟と新しい〝イベント〟の2つの面を融合させていることも、この祭りの特色です。

　しかし、水にまつわる伝承の多いデエダラボッチだからでしょうか。過去5回ほとんど毎年雨に見舞われ、幻となってしまった催しも数多くあるとか。ただ、メインイベントの山車運行は、毎年無事に行われています。

　毎年、新しい伝説が生まれる村山デエダラまつり。村山っ子の熱気を感じてみませんか。（編）

市内のいろいろな祭りで披露されます

重松流祭囃子（じゅうまつりゅうまつりばやし）

　重松流祭囃子は、所沢の古谷重松が江戸の囃子を基に、独自の旋律を考案したものといわれています。曲目は「屋台囃子」「宮昇殿」「四方殿」「鎌倉」「師調目（しちょうめ）」「仁羽」で、「三番叟（さんばそう）」は伝わっていません。

　明治初期に重松が萩の尾に来て、蚕室を稽古場にして村の有志に教えたのが始まりです。明治7年に重松太鼓連中が久保稲荷神社（埼玉県入間市）に奉納した絵馬の中に、14団体の一つとして名前が描かれ、重松直伝の最古囃子連の一つとして認知されている「萩赤囃子連」のほか、「残堀囃子連」「須賀神社重松はやし連」「峰の囃子連」と、市内では4団体の囃子連が活動しています。　（清）

<萩赤囃子連の演奏予定>

8月7日（日）
日吉神社

9月18日（日）
神明社例大祭

10月12日（火）
萩の尾薬師堂祭礼

※「村山デエダラまつり」をはじめ各種お祭りやイベントでも演奏されます。

萩赤囃子連が昭和31年より出演している「萩の尾薬師堂祭礼」にて。

昨年の「村山デエダラまつり」にて。

問い合わせ／
042-564-8198
（萩赤囃子連事務局）

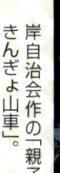

4月29日

横中馬《よこなかば》獅子舞（武蔵村山市指定無形民俗文化財）

会場：長圓寺（地図は5頁参照）ほか

獅子舞は獅子３名、天狗1名、笛方、歌衆、子役（拍子木、かなんぼう、棒使い、ささら摺り）で構成されます。

横田・中村・馬場の3地区が協力し行う伝統行事で、五穀豊穣・悪病退散・無病息災を祈願し氏神様に奉納します。宝暦2年（1752）、悪疫平癒を願い奉納したのが始まりと伝わります。当日は長圓寺の読経を得て10時頃出立、午前中に八坂神社、七所神社、熊野神社へ宮参りの式を行い境内の踊り場で奉納。午後は、熊野神社広場、長圓寺の踊り場で本庭（詞章を通して舞うこと）を行います。本庭では、雄獅子の太郎と次郎が雌獅子の花子をめぐって争い、天狗が仲立ちする「喧嘩場」という見せ場があります。太郎と次郎が角をつき合わせたり、獅子頭を振る様はまさに狂うという表現がぴったりです。（向）

7月15日直前の日曜

三ツ木天王様祇園ばやし（武蔵村山市指定無形民俗文化財）

会場：十二所神社（地図は5頁参照）～三ツ木地区

十二所神社の境内に祀られている八坂神社の祭りは、氏子や多くの住民から天王祭として親しまれており、毎年7月15日直前の日曜に行われます。当日は、ご神体を移した神輿が三ツ木じゅうを練り歩きます。神輿行列は高張提灯・馬簾《ばれん》・花万燈《はなまんどう》・神輿・笠鉾《かさほこ》・大太鼓・笛方・煮豆の順に続く賑やかなものです。笛（篠笛）と太鼓が祇園ばやしを奏し、煮豆は、縁起物として配られます。

笛の旋律が、京都に伝わる「祇園ばやし」の系統であることから、「天王様の笛」から「天王様祇園ばやし」に名称が定められました。（瀬）

撮影／原田英治

10月8日・12日・22日

双盤《そうばん》念仏（薬師念仏鉦《かね》はり）（東京都指定無形民俗文化財、武蔵村山市指定無形民俗文化財）

会場：宿薬師堂（地図は5頁参照）

「双盤念仏」とは、双盤という鉦4面と大太鼓を打ち鳴らしながら「南無阿弥陀仏」に長い節をつけた独特の念仏（引声念仏）を唱えるものです。毎年10月8日、12日、22日の宿薬師堂の例大祭で奉納されます。堂内の天井には、赤と白の市松模様の提灯が数多く吊るされ、夜の念仏では、なお一層の雰囲気を醸し出します。

独特の譜面をもとに、緩急自在な撥《ばち》さばきで繰りだされる音調と、それに和したお念仏、まさに必見です。（瀬）

撮影／原田英治

特集 武蔵村山

18名の市民リポーターがご案内!

北部は狭山丘陵の南麓、古くから栄えた青梅街道沿いの本村地域。その歴史を裏付けるかのように数多くの神社仏閣や史跡が立ち並びます。都立野山北・六道山公園は、これからの季節にはハイキングにぴったり。眩しい緑の中、軽便鉄道廃線跡の自転車道やトンネルを歩いてみるのもいいですね。

市の南東側には「マンモス団地」都営村山団地があり、その界隈の商店街には親しみある笑顔があふれます。日産村山工場の跡地を挟んで西側は、大きな工場が立ち並ぶ地域。あの有名なお菓子の工場直売も見逃せません。

古くからの文化・伝承と若い息吹の交差する武蔵村山のまち、ふんごまっしぇえ!（村山言葉で「くつろいでいって」の意味）

市民リポート

住宅街に隠れた歴史あり

村山団地・学園・大《おお》南《みなみ》地域

取材・文・撮影／小川榮子、河原塚達樹、酒井高子、名取瑞穂、原田英治、丸山由花

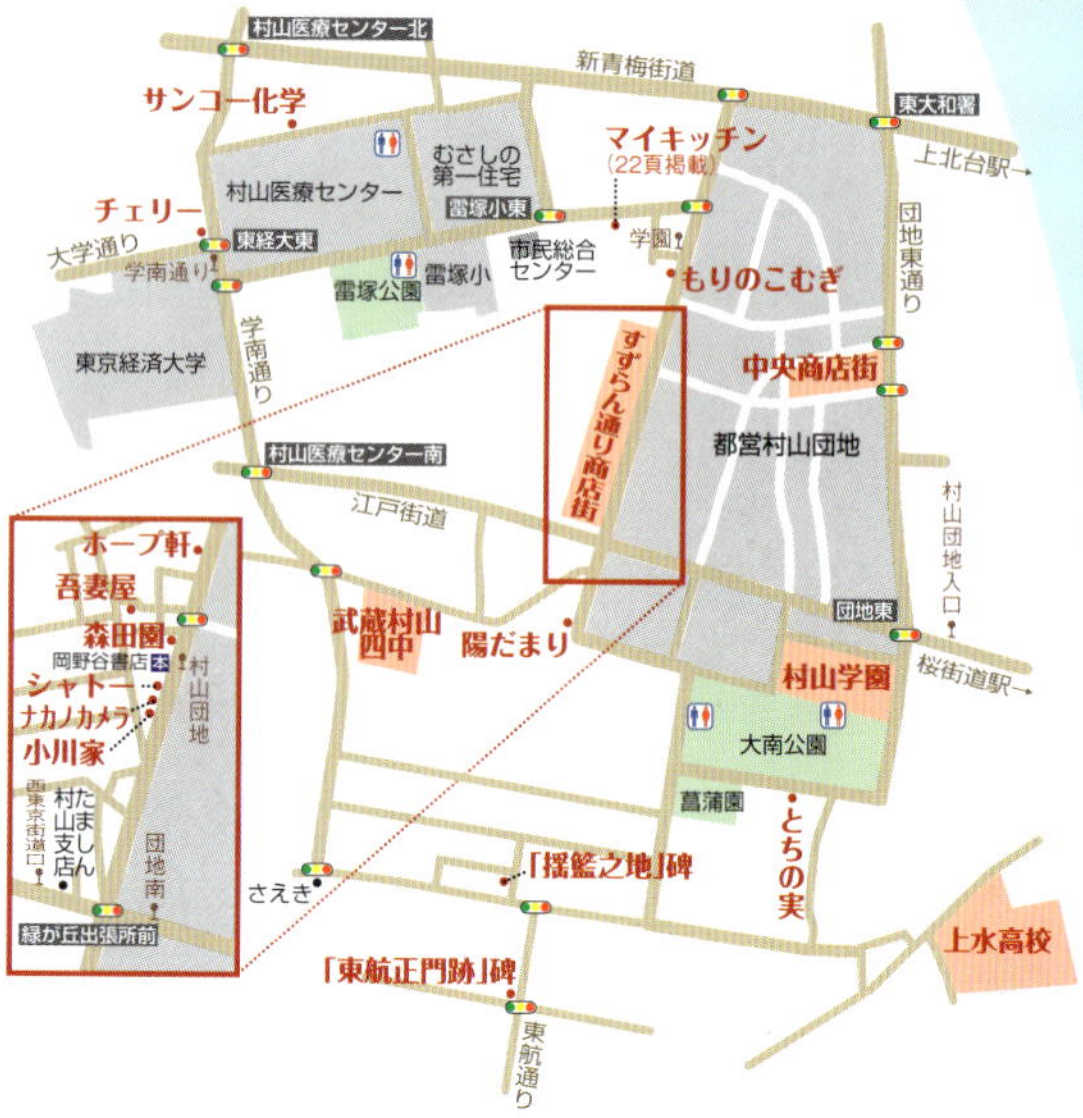

＜この界隈へのアクセス＞
- JR立川駅北口より立川バス、村山団地行き（「村山団地」バス停まで所要約25分）
- 多摩モノレール／西武拝島線玉川上水駅よりMMシャトル玉川上水ルート（「村山団地」バス停まで所要約15分）

都営村山団地

住所「武蔵村山市緑が丘」ここは町全体が団地という、都営村山団地です。昭和41年（1966）竣工のアパート群は立て替えが進み、その真ん中にある中央商店街では、ここで暮らす高齢者のための便利なサービスが注目を集めています。

まいど〜宅配センター “おかねづかステーション”

まいど〜宅配で〜す！

団地内を走る三輪自転車。

平成21年10月から、村山団地の中をカラフルな装いの三輪自転車が走っています。この自転車の役目は、各商店へ電話で品物を注文すると届けてくれ、また「買い物に行きたい」と言えば迎えに来てくれ、買い物が終わると送ってくれるのです。

4139世帯の村山団地は高齢化率44・6％で、一人暮らしのお年寄りも多く、買い物に不自由をしていましたが、この「まいど〜宅配サービス」は年を重ねた人達に大人気で、テレビや新聞などでもたびたび紹介されています。高齢者が一人でも安心して生活できるような手伝いをしてくれ、多くの人に感謝されているこのサービス、皆で応援していきたいと思います。（名）

10:00 〜 17:00
土・日・祝日、雨天休み
緑が丘1460-46-16
042-563-8767

味自慢、濃厚こってりがやみつきに！

ホープ軒 MURAYAMA 本店

「ラーメン」650円。

私の孫もここのラーメンの大ファンです。

「行列のできるラーメン屋さん」ののぼりがこのお店。現在は32席ですが、30年ほど前は15席くらいしかなく、絶えず人が並んでいました。当時は次のお客さまが気になって、もう少しスープを飲みたくても途中で席を立っていましたが、今は心ゆくまでゆっくりと味わえます。麺の固さもスープの濃さも注文に対応してくれ、また一緒に来店できなかった家族にお土産として持ち帰ることができる優しさもうれしいです。「ここのラーメンは天下一品」と、遠くから来店する方も多いお店です。（名）

10:00 〜深夜0:30（月曜〜 20:30）
無休／学園3-59-2
「村山団地」バス停3分
042-564-3519

店長（中央）と店員さん。

パンの焼ける匂いに誘われて

石窯パン工房 もりのこむぎ

店内に入ると、大小さまざまなくまさん達が迎えてくれました。武蔵村山で生まれ育った店長の深沢さんが、地域の方々に喜んでもらえるパン屋さんを目指して平成14年にオープン。天然酵母とこだわりの食材を使いじっくり寝かせた生地を、石窯で焼き上げます。パンを通してたくさんの人とふれあい、親・子・孫の代まで語り継がれるような地域密着を目標に、店長と奥様は頑張っています。（酒）

店長の深沢三昭さん。

7:00 〜 19:00
日曜休み
学園3-42-3
「学園」バス停1分
042-562-0274

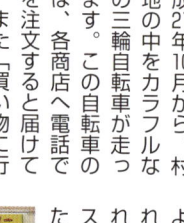

特集
武蔵村山

住宅街に隠れた歴史あり
村山団地・学園・大南地域

村山すずらん通り商店街の魅力的なお店

明治神宮献上銘菓舗
小川家草寿庵

村山にちなむ名前のお菓子が並びます。

創業昭和42年（1967）。吉祥寺での修業時代、洋菓子の勉強もしたというご主人は「村山日記」「村山散歩」「村山デエダラ」「村山温泉」と、お菓子の名前にも村山の良さを余すところなく生かします。「水と緑のモノレール」は和と洋のコラボ。伝統のおまんじゅう、羊羹、練切、団子など、季節の移ろいを心し、二代目とともに次世代に伝えられる和菓子を作ります。ほっとひと息する時、食べた人に笑顔と和みを与えてくれる、和菓子を食べられる日本人でよかったと思います。（小）

8:00～19:00／不定休／学園3-64-5
「村山団地」バス停1分／042-562-0275

デコレーションケーキに絵を描きます
シャトー洋菓子店

好きな言葉や絵を描いてもらえます。

アップルパイに文字を入れていただきました。

お店に入ると甘い香り、親子2代の手による四季折々の創作ケーキが並びます。どれもおいしそうで、目移りして決めるのが大変。ケーキに絵を描いたり文字を書いたりしてくれるサービスが人気で、言葉を添えたケーキをお土産に差し上げるととても喜ばれます。絵の場合は1週間ほど前に見本の絵を持参の上予約が必要ですが、アップルパイに文字を入れるのは、待っている間にしていただけます。（名）

8:30～20:00／無休
学園3-64-19
「村山団地」バス停前
042-561-4810

せんべい一筋40年
花見煎餅　吾妻屋

期間限定（10～4月）の「揚餅」300円。

おせんべいは1袋280円～450円。

昭和43年（1968）に開業以来、おせんべい一筋に製造販売を続けているお店。運が良ければ、通りがかりに大きなザルの中でできたてのおせんべいがザラザラと流れるような音と、何とも言えない醤油の香ばしい匂いに出会うことがあります。そんな時はついお店に吸い寄せられるように、おせんべいを買いたくなるのです。バス通りから少し奥まった所にあるので気づかない人もいますが、お勧めのお店。昔ながらの自家製せんべいは、控えめなご主人夫妻のようなやさしいお味です。（名）

9:00～19:00／無休／学園3-61-8
「村山団地」バス停2分／042-562-1092

狭山茶専門店
お茶の　森田園

店内は豊富な品揃え。

新茶「初みどり」100g 1,050円。

スタッフの皆さん。

開店以来40年、狭山茶専門店として地域の人気店。本場狭山茶の特徴を生かした製法は、甘く濃厚な中に独自の狭山火入れを行います。お茶の旨みに徹した香味の豊かさで、地方のお客さまにも喜ばれて全国に発送しています。深むし茶は味本位の狭山茶として知られて、甘みとコクが格別。毎年5月2日頃の八十八夜には、「八十八夜期間限定新茶」の販売で大変賑わいます。店奥の陳列棚には、ご主人が集めた素敵な急須がたくさん飾られ、拝見させていただくのも楽しいです。（名）

9:30～19:30／無休／学園3-62-16
「村山団地」バス停前／042-562-1188
http://www.nekonet.ne.jp/moritaen/

自然光のナチュラルフォトスタジオ
ナカノカメラ・スタジオジャムジャム

自然光の撮影は、こんなに明るく優しい仕上がり。
撮影料1回3,150円、写真データ1カット3,150円。

デザイン加工も可能（2100円）。

2階スタジオ。

開業40年、まちの写真屋さんとして親しまれてきたお店が、昨年の秋にリニューアルオープン！　1階店舗では、証明写真撮影やデジカメプリント、写真の修正加工や雑貨を販売。そして2階部分には新しく「自然光の写真スタジオ」が登場しました。ストロボを使わず自然の光だけを使った、優しい雰囲気の写真が好評です。デジカメ撮影なので、写真データを1カットから購入できる気軽さも人気の秘訣。親子2代で技術とセンスを発信する、とても素敵なお店です。（名）

9:00～19:00／第3水曜休み／学園3-64-16
「村山団地」バス停前／042-563-4639
http://www9.plala.or.jp/st-jamjam/

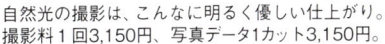

自家焙煎のコーヒー
珈琲　CHERRY　チェリー

「クロワッサンサンドとコーヒーのセット」550円。

店主の林洋介さんのお母様、みつ枝さん。

店内にはギャラリーとして絵手紙や押し花などを飾り、開店前にはハンギング教室や絵手紙教室などで利用してもらい、年に3回はジャズライブを開催。集った人と編み物の輪ができたり、ダンス教室のおさらいが始まったり、オカリナの演奏が聴けたりと、多彩な方が自由に交流し、すぐ友達になれるステキな空間です。自家焙煎にこだわっているコーヒー（350円）は、香りもコクも味わい深いです。ぜひ一度寄ってみてください、きっといいことに出会えますよ。（小）

11:00 ～ 21:00 ／日曜休み
学園1-112-8 エステート武蔵村山1F
「学南通り」バス停1分／ 042-567-0979

流木とアートな仲間のふれ合いスポット
ギャラリー　とちの実

私の大好きな絵本・造形作家の木住野利明さん（左下写真中央）の個展が開催されていました。

四季折々の季節感あふれる大南公園と菖蒲園に面した素敵なギャラリーです。手作りの緑色の階段を上ると、そこは店内。クラフト作品を展示するのに最適な流木の飾り台、壁にはピクチャーレールやスポットライトが備わり、個展やグループ展にはもってこいです。ご夫婦揃って親切丁寧をモットーに搬入搬出や飾り付けのサービスもされ、いつ出かけても温かく迎えてくれる、隠れ家的スポット。お茶を戴きながらゆっくりと癒されること請け合いです。（名）

11:00 ～ 17:00 ／イベント開催時のみ営業
大南5-9-1 ／「村山団地入口」バス停5分
042-565-5233
http://www1.yel.m-net.ne.jp/galleryt/

家庭料理と喫茶のお店
地域の茶の間　陽だまり

「日替りランチ」650円（コーヒー付）。

「のぞみ福祉園」（23頁掲載）のクッキー販売。

「陽だまり」は、障がい者の就労支援と地域ふれあい事業を行っています。一人でも気軽に立ち寄れるお店ですが、グループの会合でもよく利用されます。安心・安全な食材を使った手作りの昼食メニューは日替わりで魚か肉料理が選べます。「ケーキセット」500円のほか、お弁当の配達やお総菜の販売も。月1回「手打ち蕎麦の日」のほか、様々な講座や歌声喫茶も好評で、日程についてはお問い合わせを。「陽だまりマーケット」（毎月第4日曜）は、地場産野菜やフリーマーケットで賑わいます。（出店料500円）（名）

11:00 ～ 17:00 ／日・祝日休み
大南2-47-23 秋間ビル1F NPO法人すきっぷ
「団地南」バス停3分／ 042-516-9560

洗濯で社会貢献！
サンコー化学株式会社

馬場さん開発の湿式洗浄機「Sentakun」。お湯を噴霧して汚れを浮かせ、バキュームで取り除きます。装束はこれで洗っているそう。

商品のラインナップ（各3,500円、「せんたくん」のみ4,500円）。使い方はどれも簡単、リピーターの多さが品質を物語ります。

代表の馬場耐三さんと、娘さんの山戸弓枝さん。

昭和42年（1967）創業。神社の装束や高級ブランド品などのクリーニングを全国から受ける一方、家庭で手軽に使えて、なおかつ水をなるべく使わず環境に優しい洗剤を製造販売しています。また大切な衣類だからこそ自分で洗ってほしいという思いから、洗濯教室を開講（世田谷教室、要予約）。「洗濯は生活そのもの。食事と同じように洗濯の文化を高めていきたい」と、代表取締役社長の馬場さんは語ります。目からウロコの洗濯術を日常に活かしてみませんか。（編）

学園2-10-1 ／ 042-566-1813（代）
http://www.kit.hi-ho.ne.jp/sentakun/
※出張洗濯教室も可能（5名以上）。お問い合わせください。

素敵な衣装を身にまとえば、違う自分に出会えるかも…
武蔵村山おぺら座

市音楽連盟主催「ひびけうたごえ」と市民文化祭「ミュージックフェスティバル」に毎年出演。

平成11年（1999）発足のアマチュアオペラサークル。平成20年4月に公演され大成功をおさめた武蔵村山市民オペラ『カルメン』では実行委員として、また合唱団の中心メンバーとして活躍しました。

大学生から70代まで幅広い年齢層ですが、歌い演じることが大好きで堪らないのは皆同じ。井上ツヤ子先生のパワフルな指導に加え、プロの映像から衣装や演技を研究するなど自主的に取り組みます。それぞれ得意分野で力を発揮、お互いを補い認め合い、魅力的な舞台を創り上げます。見学者もその日から歌いたくなる楽しいレッスン。充実感・満足感・達成感を体験してみませんか。（丸）

※練習は第1土曜夜・第3日曜午後、雷塚地区会館にて。
問い合わせ：042-564-6435（前田）
http://isyou2.web.fc2.com/

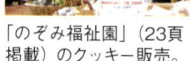

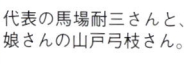

武蔵村山市の小・中学校教育

武蔵村山市では、子どもたちが知性、感性、道徳心や体力を育み、人間性豊かに成長することを願う教育目標に基づいた、特色ある学校づくりに取り組んでいます。

その一つが小中一貫校の「村山学園」。多摩地域初の施設完全一体型小中一貫校として、昨年4月に開校しました。隣接する第四小学校と第二中学校を結んだ廊下は203メートル！ そんな日本一長い廊下では、「あ、ピアノの指揮をしたお兄ちゃんだ」と言う1年生の児童に、中学生の生徒が「君たちも中学生になったらできるよ」と答える微笑ましい会話も。また6年生は、中学の様子が見える安心感もあるようです。保護者や地域の方々が一定の権限と責任をもって学校運営に参画する「コミュニティ・スクール」が導入され、平成26年度末には市内のすべての学校に導入される予定です。

「芝生って気持ちいい！」市では校庭の芝生化にも積極的に取り組み、来年には全ての学校で芝生化される予定です。「グリーンサポーター」を立ち上げ、芝生の維持管理に市民、地域の住民などが参加します。

市が取り組む特色ある教育の一つ、「食育」にも取り組んでいます。心身の成長や健康の保持増進の上で望ましい食習慣について理解し、自ら形成していく能力を身につけるもので、食育を通して元気で健やかな児童・生徒を育成しています。

このような取り組みの結果、スクールバンド部の都大会金賞（四中）、バスケットボール多摩地区大会優勝（五中）、野球部は都大会3位（一中）など輝かしい成績を収め、二中卒業生にはフィギュアスケート世界大会6位の今井遥さんもいます。こんな元気な6371名の武蔵村山の児童・生徒です。（原）

施設完全一体型小中一貫校「村山学園」。小・中の児童・生徒が交流する微笑ましい風景が日常的に見られます。

市立第四中学校スクールバンド部「平成22年度マーチングコンテスト」金賞の表彰状。

子どもたちのおもしろ体験活動広場
おもろば・おおみなみ

新聞紙で作った凧を揚げたり、赤ちゃんの泣き声のような音の出る笛を作ったり、アルミ缶で炊き込みごはんを炊いたり、直径1・5メートルのパラボラ型ソーラークッカーで焼き鳥を焼いたり、多摩川の河原での化石探しをしたり……。平成17年（2005）からスタートした「おもろば・おおみなみ」。〝おもろば〟とは〝おもしろ広場〟の略称。月2回（第2・4日曜）開催し、年間20以上の多様な体験活動を行っています。子どもたちの健やかな成長を願って、子どもも大人も一緒にのびのびと過ごせ、さまざまな体験ができる場として地域住民の手で自主的に運営されています。子どもたちは夢中で、その瞳はキラキラと輝いています。（河）

ソーラークッカーで焼き鳥

みんなで水餃子作り

新聞紙で作った凧、うまく揚がるかな？

■問い合わせ
042-590-7910 ／ k_tatsu@yel.m-net.or.jp

武蔵村山の戦争遺跡

取材・文・写真提供／成迫政則

現在では住宅街や村山医療センター、東京経済大学などがあり、生活しやすいまちとなっている学園・大南地域。しかし第二次世界大戦以前の姿は現在と大きく異なります。かつてこの界隈は、広大な土地を軍事施設が占めていたのです。

正門に至る道は「東航通り」と今に名を残します。

東京陸軍航空学校、のちの東京陸軍少年飛行兵学校正門。この位置に現在は「東航正門跡」石碑が建っています。（昭和17年頃）

東京陸軍少年飛行兵学校

現在、「東航正門跡」の石碑が建っている場所には、かつて東京陸軍少年飛行兵学校の正門がありました。

東京陸軍少年飛行兵学校は、陸軍航空兵養成の目的で昭和12年（1937）10月、熊谷陸軍飛行学校内に「東京陸軍航空学校」として開校、翌年9月に村山村中藤《なかとう》（現在の大南3・4丁目）の立川陸軍飛行第五連隊射爆場跡に、20万坪（約64万平方メートル）の敷地を得て移転してきました（昭和18年に「東京陸軍少年飛行兵学校」と改名）。

現在では当時の様子をとどめる建物は残っていませんが、「東航正門跡」石碑のほか、「揺籃之地」の石碑が建てられています。市内に大きな軍事施設が存在したこと、卒業生が多く戦死したことを後世に伝え、世界恒久平和を祈るために、この2つの石碑が建立された地は「東京陸軍少年飛行兵学校跡地」として市の文化財（旧跡）に指定されています。

昨年6月27日、「少飛平和記念館設立促進委員会」が発足、今年3月末までに関係資料1700余点が収蔵されました。提供者は、記念館への展示を切望しています。

グライダーの操縦演習。（昭和18年頃）

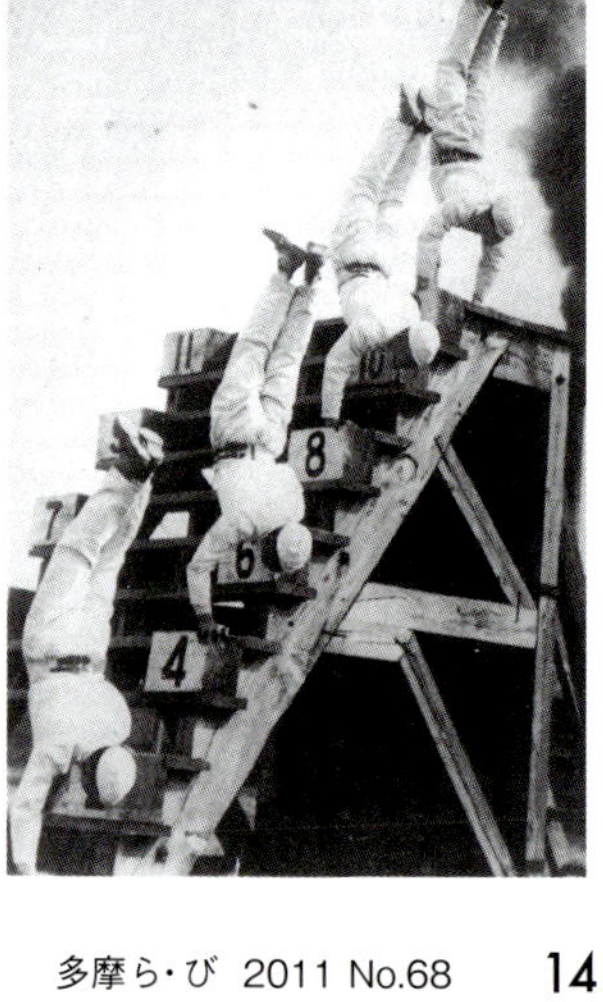

過酷な訓練をもって養われた攻撃精神。

少年飛行兵独特の、フープを使った体操。

屋外での剣道演習。

「揺籃之地」石碑。ここにはかつて東京陸軍少年飛行兵学校本部校舎があり、平成2年まで慰霊碑（写真下）がありました。禅昌寺に供養塔「少飛の塔」として遷座（21頁参照）、その跡地に記念碑としてこの碑が建てられました

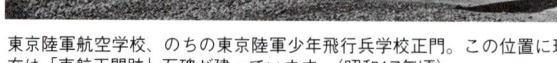

当時の軍事事情と施設

文／内野 昭

陸軍東部第七八高射砲連隊

昭和15年（1940）、麦・サツマイモ畑と桑畑だった約8万5000坪（約28万500平方メートル）の広大な土地に、高射砲連隊が設置されました。兵舎5棟を建て、敷地の中央に30メートルの鉄塔を４本建て、そこにワイヤーを張り模型飛行機を吊るした練習装置で照準の訓練をしていたそうです。

翌年に太平洋戦争が起こり、間もなく部隊はアッツ島（アリューシャン列島）と南方に移動しましたが、アッツ島の部隊は玉砕しました。

陸軍航空整備学校立川教育隊

教育隊は飛行機の修理・組み立てをする少年飛行兵（整備）を養成していました。短期養成の即戦力となるための訓練は厳しく、日曜も正月もありませんでした。整備員でも機上勤務員（機上機関・射手・通信）となりました。

戦後は米軍が駐留しましたが、昭和22年元旦の夜明け前に起こった火災で西から2番目の兵舎が消失。地元の消防団が消火にあたりました。米軍撤退後は国立村山病院の結核療養所となり、現在は村山医療センターとなっています。

村山陸軍病院

昭和16年（1941）造立、５棟の病棟は渡り廊下で結ばれ、少し離れて伝染病棟がありました。病院の周囲には１メートルほどの土手がり、上にはピラカンサスが植えられていました。戦後しばらく一般市民も治療していましたが、その後昭和43年に東京経済大学の所有地となり、現在はグラウンドになっています。

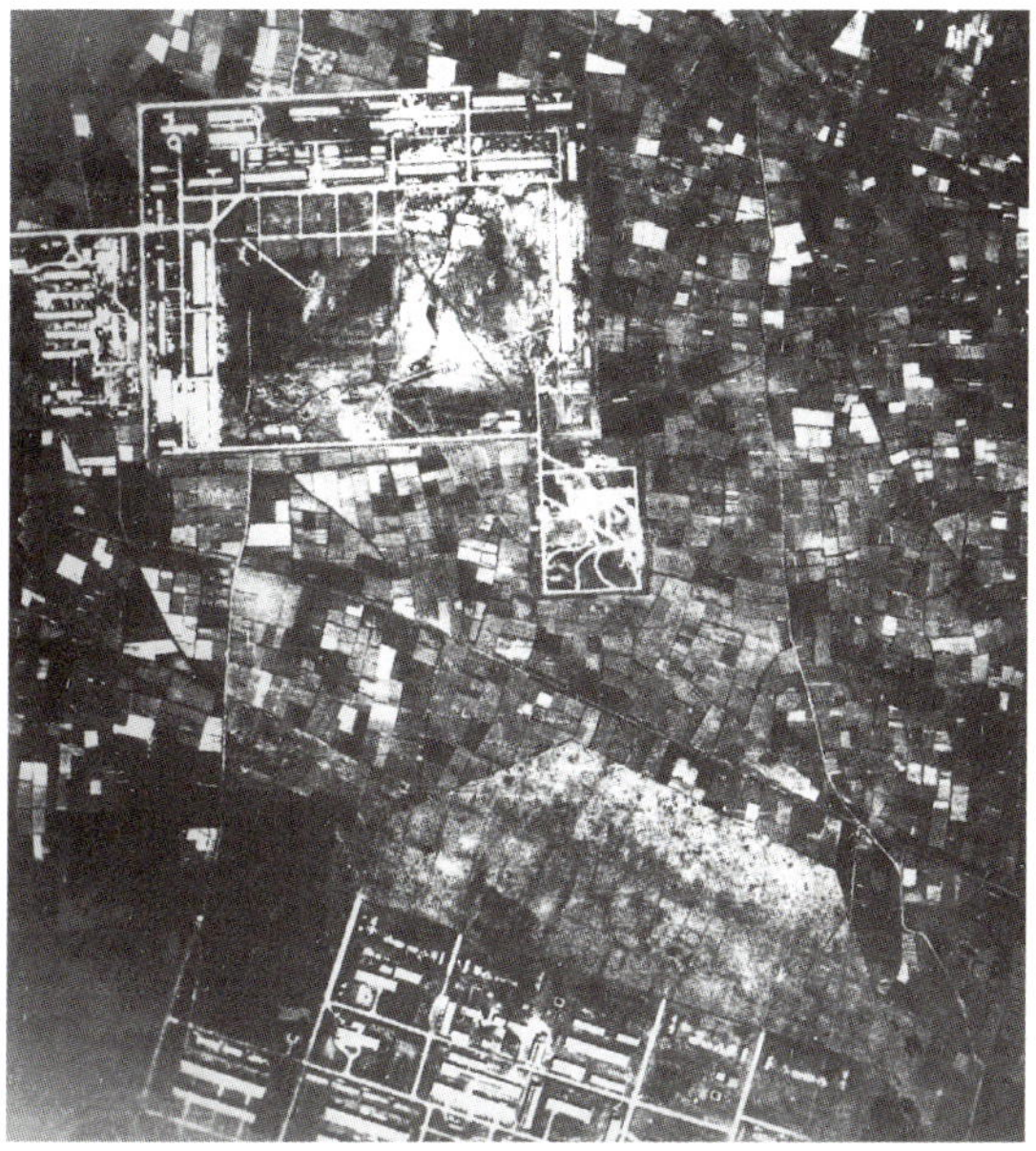

昭和18年頃の航空写真。下が東京陸軍少年飛行兵学校、上が陸軍航空整備学校、その左が村山陸軍病院。（写真集「東大和市・武蔵村山市・瑞穂町の昭和史」より）

戦争の記憶のバトンを受け継ぐ
都立上水高校 放送部

「東航正門跡」石碑に気づいた放送部顧問の井桁寛子教諭。続いて部員の山崎翔兵さんは、市内在住の2人の元少年飛行兵が「少飛資料館」を造ろうと奔走する新聞記事を発見。部はその2人に取材を申し入れ、当時の生々しい体験を語ってもらいました。「先輩達の死を無駄にしないためにも、“平和の語り部”として後世に伝えたい」と話す2人の言葉に、放送部員は「無縁と思っていた戦争をリアルに感じた」そうです。戦争の記憶を受け継ぎ、埋もれた事実を心に留めようという思いを込め、この取材を番組として第57回NHK杯全国高等学校放送コンテスト都大会にエントリー。見事「ラジオドキュメント部門」で第1位を獲得し、全国大会出場を果たしました。（成）

取材風景

番組名は「Keep in your mind.」この番組で都大会の朗読部門1位、アナウンス部門2～5位も獲得しました。

市民リポート

工業地域でおいしい出合い！

伊奈平・三ツ藤地域

取材・文・撮影／荒木のり子、石川有佐子、高橋由子

＜この界隈へのアクセス＞

- 西武拝島線・多摩モノレール玉川上水駅より立川バス、MMシャトル「イオンモール」行き（立川バスで所要約15分、MMシャトルで所要約35分）
- JR立川駅北口、JR青梅線昭島駅北口より立川バス「イオンモール」行き（立川駅より所要約25分、昭島駅より所要約30分）
- JR立川駅北口より立川バス箱根ケ崎方面行き（「三ツ藤住宅」バス停まで所要約20分）

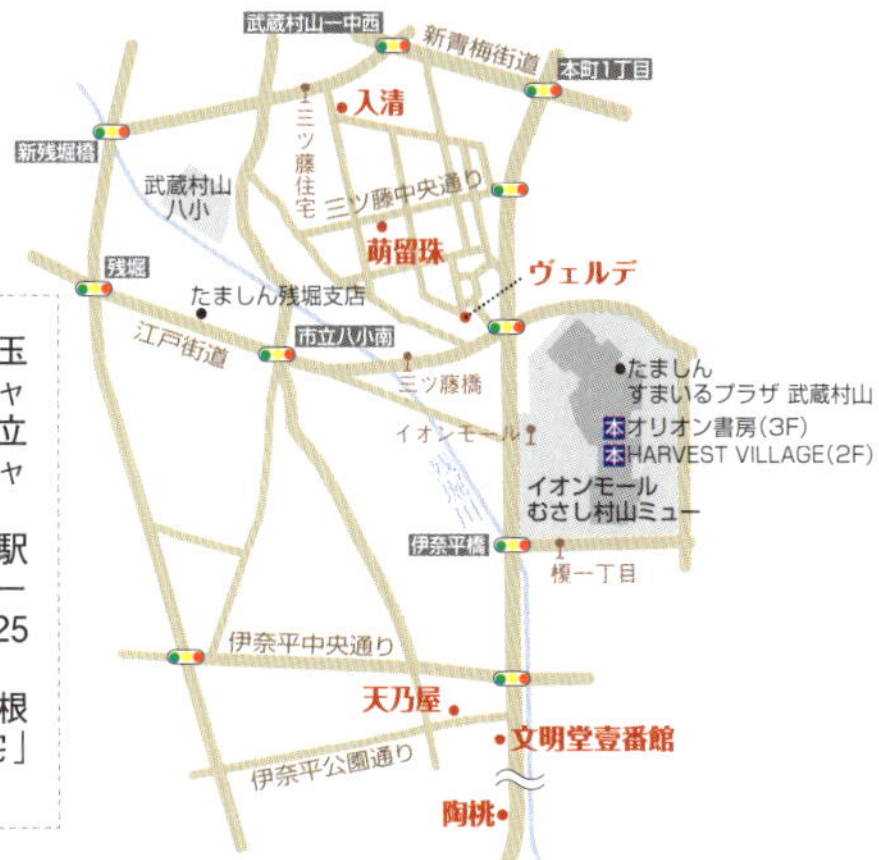

酪農家が作るこだわりのジェラート

アイス工房　ヴェルデ

ここのアイスは、市認証地域ブランド商品でもあります。

店長の本木祐一さん。

店長さんは、ブルーベリー園（55頁掲載）の息子さん。もともと、将来的には家業の酪農を継ごうと思っていたそうです。「東京都地域特産品認証食品」を取得しているこのアイスは、都内で生産されるパッションフルーツ（小笠原諸島母島産）や枝豆（狛江産）なども材料になります。もちろん、材料の全てが安心安全であることが前提、そしてあくまでも酪農家が作るアイス。先に農業と酪農ありきのおいしいアイス作りを心がけていると、笑顔で話してくださいました。（石）

11:00 ～ 18:00 ／火曜休み／三ツ藤1-80-3
「イオンモール」バス停5分／ 042-560-6651
http://www.ice-verde.jp/

読者プレゼント 71頁参照

村山随一のおしゃれなパン屋さん

萌留珠《もるじゅ》

店主夫妻。

「食パン」240円、「イギリスパン」260円、各種デニッシュ160円～。

「シュトーレン」。

三ツ藤住宅内の都心テイストのパン屋さん、ご夫婦で経営している萌留珠です。低温でゆっくり発酵され、ドイツ製の窯で焼いたパンは、口どけがよいのにコクがあります。「クロワッサン」120円はパリパリサクサクでバターたっぷり。おいしくて安全をモットーに添加物を極力抑え、店内手作りにこだわり、どんな食事にも合うパンを提供。10月から販売する「シュトーレン（ドイツの伝統菓子）」800円（11月にはクリスマス用の1500円）は本場ドイツの味!!　お薦めです。（石）

9:00 ～ 19:00 ／日曜休み／三ツ藤1-60-7
「三ツ藤住宅」バス停5分／ 042-560-8247

2世代で頑張るあったかいお店

手打ちそば　入清《いりせい》

「ごまだれそば」850円。

人気メニューの「梅おろしそば」900円。

左から2代目入江政義さん良子さんと3代目の祥高さん恵美子さん。両夫婦はナイスチームワーク。

店名の由来は初代の入江清之助さんから。〝キムタク〟ならぬ〝イリセイ〟です。玄関の脇には蕎麦の実を挽くマシンが稼働中。思わず見入ってしまいます。武蔵村山に店を構えて43年。店内にはお客さんから頂いた物が沢山。切り立ての庭の花、刺繍の額、切り絵などなど。街のみんなに愛されてきたのが伝わります。「家族連れの方もお酒を楽しむ方も、幅広い方々がほっとできるお店でいたい」という3代目のご主人。アットホームさと本格派の蕎麦の融合するお店です。（編）

11:00 ～ 15:00、17:00 ～ 21:00 ／水曜休み／三ツ藤1-36-11
「三ツ藤住宅」バス停1分
042-560-3330 ／ http://irise.jp/

ケイタリング！　宴会！　なんでも有りの使えるレストラン

チャイニーズダイナー　陶桃《タオタオ》

「せいろ蒸し」750円。

一見、中華の店とは気づかない、ピンクと茶色のシックな外観が目を引く建物。

本格的な中国料理をリーズナブルに楽しめるお店。４月からは新メニューが登場。朝採りの地場野菜を使った「せいろ蒸し」は、２種類のタレで野菜の旨味を楽しめます。中国の天然酵母を使った「タオタオ特製揚げパン」も絶品。大人気の「スーラータンメン」など麺類は、国産の小麦粉で打ったこしのある麺を使用しています。ランチタイムもご飯と麺を一度に楽しめるハーフ＆ハーフのお得なセットも登場。お客さまに美味しい時間を楽しんでいただくために、素材選びから心を込めて作っています。（荒）

11:00 ～ 15:00（14:30LO）、17:00 ～ 22:00（21:00LO）／月曜休み
立川市一番町4-57-1 ／「イオンモール」バス停15分／ 042-531-3100
※駐車場7台。デリバリー、宴会（4 ～ 40名）承ります。

笑顔がこぼれるおいしさ
天乃屋 東京工場直売店

見逃せない「こわれ」のコーナー。

あまりにも有名な「歌舞伎揚」、最近人気の高い「古代米煎餅」「おこげせんべい」。

総務経理部長の小野寺全さん。「新製品の開発にも力を入れています。売店限定のお煎餅もありますのでぜひお越しください」

歌舞伎揚は、サクッとした甘辛味の揚げ煎餅。日本の古典芸能「歌舞伎」と古くから食されている日本独特のお菓子「煎餅」、2つの伝統文化を伝えたいという想いから誕生したそうです。一口に歌舞伎揚といっても、カレー味や胡麻味など数種類あるのをご存じですか。売店で扱うお煎餅・あられは60種以上、迷ったら試食を楽しみながら選びましょう。売れ筋は20種類ほどある「こわれ」、安くてお買い得と大評判です。

おすすめの「古代煎餅」はお米のつぶつぶ感をそのまま残した揚げ煎餅で、第25回全国菓子大博覧会にて名誉総裁賞を受賞しました。こちらもぜひお試しを。（高）

10:00 ～ 19:00 ／1月1 ～ 3日休み／伊奈平2-17-2
「イオンモール」バス停7分／ 042-531-5055
www.e-amanoya.co.jp/outlet/index.html

撮影／戸田英範

甘い香りに誘われて
文明堂壱番館

本場ドイツの味をぜひ。窯出し「バウムクーヘン」1,200円、小168円。

「特撰五三カステラ」桐箱入り2,625円。

子どもから年輩まで幅広い年齢層のお客さまでいつも大賑わいの店内。

「お客さまの声を一番大事に、地域一番の品揃えとサービスを提供しています」と、店長の金谷清さん。

長崎のグラバー邸をイメージした外観がとてもおしゃれできれいなお店。できたてのカステラ、三笠山などの定番の他に、店内製造のケーキやガラス張りの一角で焼かれるバウムクーヘンが人気だそうです。上品な甘さに仕上がっているバウムクーヘンは、焼き上がるのを見ているだけで楽しくなります。また、毎月数回行われるイベント、工場直売「釜出しカステラ」525円も大人気。焼きたてのカステラをその場で職人さんが切り分けて販売するもので、毎回長い行列ができます。

おいしいお買い物の後は、出来たてのケーキと飲み物の「ケーキセット」500円でひと休みはいかがでしょう。（高）

9:00 ～ 19:00 ／無休／伊奈平2-19-1 ／「イオンモール」バス停10分
042-561-0002 ／ www.1ban-can.com/
＊「釜出しカステラ」:6月18・19日、7月16・17日、8月6・7日
焼き上がり時間:10時、11時、12時、14時、15時

撮影／編集部

市民リポート

武蔵村山の伝統工芸

伝統の技法を受け継ぐ郷土の誇り
村山大島紬（板締《いたじめ》絹絣織《きぬかすりおり》）

取材・文・撮影／瀬川洋子

「村山大島紬」の特徴は、「板締め注入染色」と「手織り」にあります。「板締め注入染色」とは、絣板《かすりいた》という凹凸の溝をつけた板と板の間に絹糸を挟んで染料を注ぐという独特の染め方で、経験と熟練が必要とされ、繊細で緻密な模様が生み出されます。板締め染色の技法は、大正7年（1918）に伊勢崎（群馬県）から導入され、それによって村山大島紬の基礎が確立します。以降、染めや文様にも工夫が重ねられ、生産の増加につながっていきました。

昭和初期、「すり込み捺染《なっせん》」という技法が始まります。これは、板締め染色で染められた地色に加えて部分的に別の色に染めたいときに行われる技法で、染め上げた糸を束にして長く伸ばし、所々を紐で括り、図案に従って染料を含ませた2本の竹べらですり込んでいくものです。これも手作業でなければできない村山大島紬の特徴のひとつで、多様な文様や色彩のもとになっています。

すり込み捺染の技法。

これらの技術や生産の重要性が認められ、昭和42年（1967）「東京都無形文化財」に指定されました。昭和50年、国は、国民生活に本当の豊かさと潤いが必要だとの考えから「伝統的工芸品の振興に関する法律」を定めますが、村山大島紬はその第1回目の通商産業大臣（現在は経済産業大臣）による「伝統的工芸品」に指定されました。さらに昭和57年には、長い年月を経て地域の風土と歴史の中で育まれ受け継がれてきた技術・技法により作られているものを対象とした、東京都指定の「伝統工芸品」に指定されました。

40工程にも及ぶ手間と時間をかけてつくられる村山大島紬は、正絹の手触りと艶をもつ独特の風合い、数代にわたって着継がれる耐久性などの特色があり、一度は袖を通してみたい逸品です。組合ではネクタイ・ペンケース・眼鏡入れ・財布・携帯ケースなどさまざまな製品を作り、各所で販売しています。また、市内小中学校の卒業証書入れにも使用されています。

村山の歴史と共に、その時々に関わった先人の叡知によって育まれてきた村山大島紬は、いま、郷土の誇りであり、全国にその名を知られています。

・東京都指定無形文化財（工芸技術）
・経済産業大臣指定 伝統的工芸品
・東京都指定 伝統工芸品
＜保持団体：村山織物協同組合＞

村山大島紬を使った製品。

◆伝統を引き継ぎ、伝える拠点◆
村山織物協同組合

館内資料展示室では、製造工程や装置、製品などが展示されています（見学無料）。

組合は、村山大島紬の伝統工芸品としての責任を担い、品質検査や全国各地のイベントへの参加、後継者の育成などを行っています。事務所内では、毎年秋に「藍板締め染色体験・機織り体験」事業を開催、また、市内と市周辺の小学校を対象に伝統的工芸品についての教育事業も行っています。建物は昭和3年、洋風建築を取り入れて建設されました。当時のものは全国でも残っているのは数少なく、貴重な建物となっています。

9:30 ～ 16:00 ／土・日・祝日、年末年始休館／本町2-2-1
JR立川駅より箱根ケ崎駅行きバス、「横田」下車1分
042-560-0031

多摩らいふ倶楽部イベント

2011年8/12（金）「村山大島紬の伝統の技、板締めストール藍染体験」を開催します。58頁をご覧ください。

その他の伝統工芸品

市内には、かつて、だるまや神酒の口、押絵羽子板などをつくる職人がいました。武蔵村山市立歴史民俗資料館では、暮から正月の期間、これらの正月飾りを展示しています。

■押絵羽子板

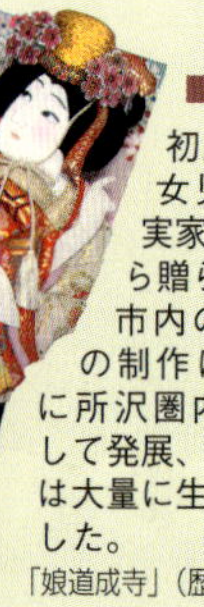
「娘道成寺」（歴史民俗資料館蔵）

初正月を迎える女児のいる家に、実家や仲人などから贈られる縁起物。市内の押絵羽子板の制作は、明治時代に所沢圏内の系列に属して発展、昭和の中頃には大量に生産されていました。

■多摩だるま

（歴史民俗資料館蔵）

正月の縁起物。岸の伊勢屋（荒田家）で明治初期に作り始めましたが、戦後に廃業。神奈川県平塚市の長嶋家に伝わり現在の「相州だるま」のルーツになっています。弟子の内野氏が独立し、瑞穂町で制作を継続中。

■神酒《みき》の口

神棚のお神酒徳利の口に挿して供える正月の縁起物。市内では、横田の荻野清作氏（故人）が制作していました。竹を細く裂いて作るもので、宝船などをかたどった繊細で優美な手工芸です。

（写真左から）フク、オモト、ミツダマ（歴史民俗資料館蔵）

武蔵村山市立歴史民俗資料館
9:00 ～ 17:00 ／第1月曜・第3水曜（祝日の場合は翌日）、年末年始休み／本町5-21-1
JR立川駅より箱根ケ崎駅行きバス、「横田」下車10分
042-560-6620

市民リポート

むさしむらやま歴史散策

現在の市の北部、青梅街道沿いは古くから栄えた本村《ほんそん》。この界隈には神社仏閣・史跡が数多く存在し、今もなおその歴史を形として残します。太古の時代からこの地の歴史を紐解き、その足跡を辿ってみましょう。

取材・文・撮影／成迫政則、内野 昭

ムラの形成、寺社建立（原始〜古代）

狭山丘陵には原始の昔から人が住み、丘陵の根通りにムラができました。縄文時代の遺跡として吉祥山遺跡・屋敷山遺跡（中藤《なかとう》1丁目）・野山遺跡など37ヶ所から住居跡や土器が出土、また滝の入遺跡からは古墳時代の土師器・須恵器・甑《こしき》（型土器）などが出土しています。

奈良時代〜平安時代には眞福寺が開山、多摩八座の一社・阿豆佐味天神社が創建されるなど、丘陵の根通りに寺社が建ち始めます。平安末期に坂東八平氏の千葉氏孫・村山貫主頼任がこの地に館を、そして周辺の山口・金子・宮寺など一族が「村山党」を名乗り、保元・平治の乱で武名を上げました。なお「村山」の地名は、狭山丘陵の峰々「群山《むれやま》」が訛ったものだそうです。

質実剛健の武蔵武士、世を変えたエネルギー（中世）

騎馬集団の武蔵武士は源氏に従い、平家を圧倒しました。時は流れて世は移り、鎌倉・南北朝時代に戦乱に参加したつわもの達の板碑（石の卒塔婆《そとば》）が57基（南朝3基、北朝21基）も残っています。

武蔵野の開拓に挑み、産業を進めた農民魂（近世）

江戸時代には、武蔵野台地を開拓し持添《もちぞえ》新田を増やし、砂川（現・立川市）・小川（現・小平市）・中藤新田（現・国分寺市）など新しい村の成立と、狭山茶や養蚕、織物、農間渡世《とせい》など新しい産業が生まれました。庶民の文化としても、日待ち（日の出を待って拝む民俗行事）や講、石仏信仰（路傍の庚申塔21基、石地蔵31体、馬頭観世音21基、その他34基）、そして祭りや郷土芸能が「市の文化財」として数多く保存されています。「指田日記《さしだにっき》」（38頁掲載）は当時の信仰や世相、生活を詳らかに伝えています。

自由民権運動に参加、自治を求めた先覚者たち（近代）

明治14年（1881）、衆議院議員の比留間邦之助らによって北多摩自治改進党が創立。中藤・横田・三ツ木・岸の4村が韮山県《にらやまけん》（天領）・品川県（私領）から神奈川県へ、そして明治26年に東京府へ移管されました。そんな中で、「村山の教育ここに始まる」と、明治6年に吉祥学舎（一小、吉祥院）、慈山学舎（二小、慈眼寺）、不二学舎（三小）が開校。

大正時代には、村山大島紬（18頁参照）の生産が始まり、狭山茶とともに名産品となります。

時代が昭和に移ると、大南の雑木林に東京陸軍航空学校（14頁参照）が、桑畑に高射砲連隊ができ、そして整備学校へ、陸軍七八部隊の隣には陸軍病院が、村山村の西部には多摩飛行場（敗戦後に米軍横田基地の一部となる）などの軍事施設ができました。

祖国の再建とさらなる発展（現代）

終戦後、広大な軍用地は都市化の波に乗って住宅地へ変化。都営のマンモス団地と巨大な日産自動車工場の誘致によって、3万人都市・武蔵村山市が昭和45年（1970）に誕生しました。狭山丘陵はみかんの花咲く丘に、そして新東京百選・都立野山北・六道山公園（27〜29頁参照）が開園、村山温泉かたくりの湯、日産村山工場跡地に武蔵村山病院が開設、またイオンモールむさし村山ミュー（旧ダイヤモンドシティ）がオープンし、連日大賑わいです。産業祭と農業祭が「村山デエダラまつり」に発展、ますますの期待が寄せられています。

神社仏閣・史跡案内は次頁へ

むさしむらやま歴史散策

神社仏閣・史跡案内

①三楽荘

明治時代に中藤村の戸長(村長)を務めた渡辺市太郎さんの孫の俊雄さんが、東京で事業に成功して建てた別荘。東京から設計者や大工が泊まりがけで建築にあたりました。俊雄さんはときどき来る程度でしたが、運転手付きの自家用車で訪れ、当時は車が珍しく人だかりができたそうです。多摩湖南岸の丘陵に建てられた別荘は展望が素晴らしく、晴れた日には南多摩丘陵が望めます。その後、三楽オーシャン(現・メルシャン)の所有となり「三楽荘」と名付けられました。そして昭和30年(1955)に村山中央病院所有となり、以来56年が経過しています。

中藤5-70 村山中央病院内

②熊野神社

谷津の産土神で、江戸時代は眞福寺持ちでした。本殿内には天保7年(1836)に斎藤寛卿《かんけい》書・指田摂津刻「熊野大権宮」の額が奉納されています。境内には明治42年(1909)に旧渡辺酒造から北の丘陵を切り通した「村山分道開鑿之碑」があります。現在は公会堂となっている精進堂は、神仏習合の名残。

中藤3-23-1

村山分道開鑿之碑

③仙元神社の富士講

(市指定無形文化財)

寛政元年(1789)頃の創建といわれる仙元神社。文化3年(1806)再建の棟札、また同年に今は多摩湖の湖底となった芋窪村石川の人々が奉納した手水鉢など、文化財が数多くあります。

「富士講」とは、富士山を信仰し、富士山へ登るための組織のことです。神社後ろの山は富士塚で、老人や子ども、女人禁制である富士山に登れない人達がこの富士塚に登り、そこから見える富士山を遥拝しました。大正時代の祭礼は盛大で、花火や田舎芝居、露店も出て賑わいました。

現在の講中は22人、創建より220年を経た富士講を存続させるべく、努力しています。

中藤3-85

仙元神社再建200年祭にて。

⑤眞福寺

奈良時代和銅3年(710)、行基によって創建、その後承久2年(1220)に落雷により焼失したと伝えられる古刹。現愛の本堂は安永7年(1778)の建立で、本尊は薬師如来です。板戸の十六羅漢画や格天井花鳥画は、天保10年頃青梅の石川文松によって描かれたもの。山門には寛永15年(1638)鋳造の梵鐘が収められています。また江戸時代中頃から奉納され始めた百体観音が安置されています。

中藤1-37-1

④大日堂庚申塔

宝暦9年(1759)造立。江戸時代に庚申信仰が庶民の間に広まり、市内には21基現存しますが、この塔は中でも代表的なものです(市指定有形民俗文化財)。大日堂には、享保8年(1723)造立の金剛界大日如来が安置されています。

神明3-12-2

＊ 庚申塔

＊ 金剛界大日如来

⑦御伊勢の森神明社

横田・中藤両村の総鎮守で、延享4年(1747)の古文書にすでに記載が見られることから、創建はそれ以前と思われます。その後焼失、文政8年(1825)に相模国大山の工匠名王太郎により再建されました。以前は境内に樹齢300年と伝えられる大杉がありました。

中央2-125-1

＊

⑥六ツ指地蔵尊

江戸の初めにこの地を支配していた前島十三衛門という地頭の娘は、どうしたことか指が6本あり、年頃になるとその身の不幸を悲しみ世をはかなんで自害。村人が彼女を哀れんでこの地蔵尊を建てたと伝えられ、今では子育て地蔵として信仰されています。

中央3-73-3

＊撮影／戸田英範

⑨吉祥院

長圓寺の末寺で、江戸初期に長圓寺三世竹同呑行《ちくどうどんぎょう》によって開山されたと伝えられています。江戸末期には寺子屋であり、明治時代には第一小学校の前身である「吉祥学舎」が置かれました。　本町4-33-1

*

*

⑧萩の尾薬師堂

建立年代は不詳。天正18年(1590)の八王子城落城の折、北条氏の家臣・石川土佐守の娘の持仏である薬師如来を祀ったといわれています。境内には南北朝時代の宝篋印塔《ほうきょういんとう》の笠と基礎が残り、「延文元年了意禅尼」の銘が刻まれています。　中央3-7-5

*

*

(写真右) 宝篋印塔の笠と基礎

⑩長圓寺

曹洞宗の禅寺で、室町時代永禄11年(1568)に華山秀呑和尚《かざんしゅうどんおしょう》によって開山。江戸時代天保年間と嘉永年間に消失、現在の本堂は文久年間(1861 ～ 64)から明治4年(1871)にかけて建立されました。本尊は釈迦如来です。境内には三ツ木の地頭、大河内氏の墓があります。また、横中馬獅子舞(8頁参照)が盛大に行われることでも知られています。　本町3-40-1

*

*

大河内氏の墓

⑪龍《たき》の入不動尊

この地には、2体の倶利伽羅大龍不動明王(1体は延宝3年(1675)造立)が祀られ、古くから信仰されていました。昭和42年(1967)に新たに大日大聖不動明王を本尊とする不動堂が建てられ、その後多くの石仏が造立されました。

狭山三滝の一つである「白糸の滝」と呼ばれる湧水があり、古代から御神水として尊ばれていたと伝えられています。　三ツ木5-9-5

※地名は「滝の入」です。

⑫十二所神社

三ツ木村の鎮守で、奈良時代和銅年間(708 ～ 714)の創建といわれています。かつては幹周り4メートルにも及ぶツゲの古木があったそうで、今も境内を囲む木々が古社を忍ばせます。境内に祀られた八坂神社は「天王様」とも呼ばれ、祭礼には三ツ木地区を巡行する神輿とともに、三ツ木天王様祇園ばやし(8頁参照)が奉納されます。　三ツ木5-12-6

*

⑬宿薬師堂

慶長年間(1596 ～ 1614)の創建で、本尊の薬師如来は霊験あらたかな秘仏といわれましたが、昭和15年の火災で焼失。現在の本堂は再建されたものです。念仏鉦はりが奉納されます(8頁参照)。　三ツ木3-22-3

*

⑭禅昌寺

臨済宗の禅寺。室町時代の正長元年(1428)恵山和尚《けいざんおしょう》によって開山されたと伝えられています。江戸時代に強風で壊れたお堂は文化14年(1817)に再建、現在の本堂は昭和46年(1971)に建てられたものです。

境内には平成2年(1990)に少年飛行兵戦没者の慰霊塔として建立された「少飛の塔」があります(14頁参照)。　岸3-37-7

*

*

少飛の塔

⑮阿豆佐味天神社

『延喜式神名帳』に多摩八座の一社として記録された古社で、村山郷(※)の総社。社伝によると、890年頃に上総介高望王が再建したとされています。宮司の宮崎氏は桓武平氏の系統で51代目にあたるといわれています。中世村山党がこの地方に君臨していた時には、氏神として尊崇していたものと思われます。江戸時代には幕府より朱印12石が与えられた、由緒ある神社です。　瑞穂町殿ヶ谷1008

*

※江戸時代初期までは岸以西を「村山郷」と呼んでいた。

市民リポート

古くからの中心地に集まる笑顔

本村《ほんそん》 東《そん》（横田・中藤《なかとう》地域）

取材・文・撮影／石川有佐子、名取瑞穂、柳下武子

♡ ランチタイムを市役所で… ♡

♡ 市長に会える？レストラン 市民レストラン

加藤さんは、実は委託先の富士食品商事(株)の社員。

11:00 ～ 14:00
土・日・祝日休み
042-565-1111（代）

市役所1階、昭和の香りのするレストラン。ここを支えているのは加藤さんと原田さん。二人で何とかランチタイムを乗り切ります。メニューは日替わりで、加藤さんが栄養などを考慮したオリジナル。お勧めは「オムライスセット」600円（サラダ、コーヒー付）。卵が絶妙でとてもおいしいです！　市議会議員や、運が良ければ市長にも会えるかも？　混雑時でもできる限り温かいものは温かく、がモットーの名コンビのレストランです。　（石）

＜この界隈へのアクセス＞

- JR立川駅北口より立川バス箱根ケ崎方面行き（「武蔵村山市役所」バス停まで所要約30分）
- 西武拝島線東大和市駅より都営バス箱根ケ崎方面行き、または西武バスイオンモール行き（「武蔵村山市役所」バス停まで所要約20分）

♡ 市役所職員の元気の素のお弁当 マイキッチン

市役所地下1階でお昼時に販売されるワンコイン中心のお弁当。販売しているのは、学園にお店があるマイキッチンさんです。市内で生まれ育った店長の俵山さんは、東大和の同店のアルバイトから、19歳の時に独立した努力と根性の人。好きな言葉は「常に謙虚なれ、常に感謝せよ」という俵山さん、お客さまの元気の素になる店づくりを感じます。お勧めは「タコライス」。美味しさと元気をご賞味あれ！　（石）

「タコライス」580円。

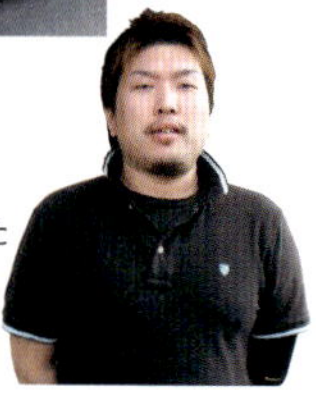

前職は営業だったという俵山さん。

9:00 ～ 19:30 ／不定休
学園3-49-10 ／ 042-563-7877

※地図は10頁参照

さくらホールでどうぞステキな一日を！

さくらホール（武蔵村山市民会館）

大ホールは1032席、小ホールは258席で、車椅子席もあります。講演会や大勢の集いなどの利用も多く、また多方面に活躍する芸術家の世界を紹介し、市民に豊かな感動を与え、好奇心を満たしてくれます。ここでは確かな文化の香りを感じる幸せが、皆様のお越しを待っています。　（名）

「さくらさくら・こんさーと」（4月3日開催）

「歌から人へ、人から待ちへ、心をつむぎ、手をつなぎ」の趣旨のもと、さくらホールにて行った「さくらさくら・こんさーと」。出演者、観客合わせて750名の温かい空気で会場は満たされました。ロビーで募った義援金とコンサート実行委員会より、合わせて291,774円を市に寄贈でき、この市民主催のコンサートが無事に終えられ、関係者一同喜びでいっぱいです。　（企画制作 井上ツヤ子さんのコメント）

※井上さんは、「武蔵村山おぺら座」（12頁掲載）で指導をされています。

正面玄関の幅広いスロープの両側には手すりがあり、身体の不自由な方たちから、行きも帰りも手すりを使えることが喜ばれています。

9:00 ～ 22:00
毎月第1月曜（祝日の場合は翌火曜）、12月28日～1月3日休館
本町1-17-1
042-565-0226

「JA東京みどり」の新鮮野菜農産物直売所

みどりっ子

30坪ほどの農協の倉庫を利用し開店して2年、50軒ほどの農家が参加している農産物直売所です。最低価格を決めた上で商品を調整し出荷する、小規模農家の野菜の委託販売が主ですが、地場産業の茶、アイスクリーム、こんにゃくなども置かれています。しかし一番の人気はやはり新鮮な野菜。ほうれん草、かぶ、のらぼう、大根、春菊、ブロッコリーなどが並びますが、開店と同時に2台のレジが休むことなく動き、午後には青物が売り切れてしまうほど。　（柳）

10:00 ～ 16:30
日曜休み／本町1-2-2
「武蔵村山市役所前」バス停1分
042-516-1183
※駐車場あり

開店を待ちかねた人で店内はすぐいっぱいに。

「今が一番色彩の少ない時。もう少しするとトマトや人参も並ぶのですが」と店長の双木さん。

古くからの中心地に集まる笑顔
本村 東（横田・中藤地域）

色とりどりのお花でまちを明るく！
フラワーショップ みねぎし

若いお母さんたちから「センスが良い」と評判の若い2代目。一級装飾技能士という資格を持っているそうです。恥ずかしがって写真は撮らせてもらえませんでしたが、とても感じのいいご夫婦です。生花販売はもちろん、お祝い用の花束、結婚式のブーケなども。また浄土山も近いので、お彼岸はとても忙しそうでした。フラワーアレンジメントの講師もしているので、教室などの詳細はお店までお問い合わせください。（柳）

9:00 ～ 19:00 ／木曜休み／神明1-37-4
「神明二丁目」バス停5分／ 042-564-4187

地域に愛され90年
比留間豆腐店

「手造りとうふ」150円、「厚揚」170円、「よせとうふ」230円。

賢司さん・光子さん夫妻と、息子の佑司さん。

旧街道に面して大正12年（1923）創業の店。店主の賢司さんの祖父が始め、その伝統を大切に守り続けています。数種類ある豆腐の味はそれぞれ濃く、揚げ物は厚くしっかり。1つ1つが懐かしい味がします。特に「うずしお豆腐」は210円と少々高いけれど食材を大切にする昔からの製法にこだわり、地元の保育園の御用達だそうです。息子の佑司さんと一緒にジャズバンドに参加したり、地域のボランティア活動にも励む賢司さん。微笑ましい父子です。（柳）

7:00 ～ 19:00 ／日曜休み／本町3-1-5
「横田」バス停1分／ 042-560-0154

恭禧発財!!
（たくさんの幸せや財が来て、みんなが幸せでありますように）
中華料理 悟空家

「四川風麻婆豆腐」と「帆立貝とイカの梅大葉炒め」。

奥様の劉英さん。

赤い提灯が目立つ、とてもリーズナブルで美味しい本格中国家庭料理のお店です。名前の由来は、銀座で修業したご主人の孫就四郎さんが、西遊記に出てくる孫悟空の大ファンということからとのこと。店内には奥様の劉英（りゅうえい）さんが描いた、子どもの悟空の可愛い絵もあります。お薦めの料理は「帆立貝とイカの梅大葉炒め」880円、「やわらかい豚の角煮」780円、「四川風麻婆豆腐」380円、「焼き餃子」280円など。飲茶も絶品です。ボリュームがあるので、是非おなかを空かせてお店へどうぞ!!（石）

※持ち帰りOK、60名までOKの宴会場有、ランチ・コース料理有。

11:00 ～ 15:00、17:00 ～ 23:00 ／無休
本町2-80-1 ／「横田」バス停5分
042-560-6502
※駐車場あり

絶品笑顔の食パンをご賞味ください!!
市立 のぞみ福祉園

笑顔が美味しいパンの源！

パンを焼く溶岩窯。

「かたくりの湯」の少し手前に、とってもおいしくて安全と評判のパンを作っている「市立のぞみ福祉園」があります。ここでは知的に障がいを持った方達が、パンやクッキーの生産、紙箱加工作業等をしています。そして、週2回（火・木曜）14時から焼きたてのパンが購入できます。イチオシは国産小麦と天然酵母を使用し、溶岩窯で香ばしく焼き上げた食パン。中はふわふわ耳はカリッと絶品で、毎日食べても飽きません。「粒あんパン」「メロンパン」もお勧めです。お気軽にお立ち寄りを。（石）

＜直売以外でパンを購入できる場所＞
- 市民総合センター　水・木・金曜11:00 ～
- 市役所1F北　第1・3金曜12:00 ～ 13:00
- かたくりの湯　不定期
- 陽だまり（11頁掲載）　火・木曜14:00 ～

9:00 ～ 16:00（直売は火・木の14:00 ～）／土・日・祝日休み
本町5-22-1 ／「かたくりの湯」バス停2分／ 042-560-6011

市民リポート

散歩道でタイムスリップ

本《ほん》村《そん》 西（岸・三ツ木地域）

取材・文・撮影／河原塚達樹、瀬川洋子、原田英治

<この界隈へのアクセス>

- JR立川駅北口より立川バス箱根ケ崎方面行き（「岸」バス停まで所要約40分）
- 西武拝島線東大和市駅より都営バス箱根ケ崎方面行き（「岸」バス停まで所要約20分）
- 多摩モノレール上北台駅よりMMシャトル上北台ルート（「市民総合体育館」バス停まで所要約20分）

♪この～木なんの木 ふしぎな木

ロマンを今に伝える巨木

クスノキの大樹

樹齢400年と言われる、幹周り3・45メートルもあるクスノキの大樹。昭和49年には市内で一番太い樹木に認定されました。この木は、当時の当主が金比羅参りに行った時のお土産だと伝えられています。クスノキは虫除けの樟脳（しょうのう）の原料です。

この木に寄り添うようにタラヨウの巨木があり、葉の裏に爪楊枝で文字を書くと黒く浮き出てきます。自然の不思議さも体験できますね。万葉の時代には、乙女が想いをこの葉に書いて恋文を送ったとも言われます。（原）

タラヨウの葉の裏に書いてみました。

時空が語る江戸～明治

3階建ての蔵と母屋

狭山の里に守られた江戸時代の文化の一つが、この3階建ての蔵で、大変珍しく貴重なものです。明治初めに勝楽寺村（現・所沢市、狭山湖底に沈む）から移築されました。ものを大切にしていた時代には、このような移築は日常的でした。所沢市とは、江戸時代よりこの地域のみならず村山全体がさまざまな面で深い関わりがあったのです。

蔵の隣の母屋は明治27年（1894）に新築されたもので、黒光りした大黒柱は1尺1寸、梁は1尺4寸、間仕切りの鏡戸に歴史の重みを感じます。切妻造りの屋根には火災除けの懸魚（げぎょ）があります。遠くなったと言われる明治の面影が残る建物です。（原）

多くの懸魚は水を表現した雫型ですが、ここのは雲を表現した唐草型。

狭山丘陵で「生きる」を学ぶ

屋外体験学習広場

市教育委員会が平成20年から狭山丘陵の一角に開設しました。市総合運動場の東側にあり、火を焚けるのが特色。キャンプも行うことができます。総合運動場のトイレや水道を利用可能。団体利用が中心ですが、個人でも利用できます。丘陵の麓、朝霧の中でイカルやシジュウカラ、エナガ、メジロなど野鳥のさえずりで目を覚ますのはとても爽やかです。

生火を焚いての土器の野焼きや燻製作り、バウムクーヘン作りなど、さまざまな活動ができるのも魅力です。（河）

バウムクーヘン作り。

三ツ木4-15-1
問い合わせ：042-565-1111（教育部生涯学習スポーツ課 内線652）

岸自治会作成

「岸屋号まっぷ」

岸地区には同姓の家が多く、古くからイエの呼称として場所や地名、家業などを元にした「屋号」を用いることが根付いています。しかし、若い世代や新たに転居してきた人たちが多くなり、屋号で言っても通じないこともでてきました。

そこで、平成18年当時自治会長だった原田英治（ひではる）さんは、自治会内に「岸屋号まっぷ編集委員会」を設置。同自治会は、屋号のない家には新たに愛称を募ったり、手分けして各戸を回って由来を聞いたりし、「岸屋号まっぷ」を作成、屋号の由来を記したものと一緒に各戸に配布しました。原田さんは「日頃から隣近所のコミュニケーションは大切。このまっぷを利用して、お互いに屋号で呼び合うなどして、地域住民の一体感が高まることにつながれば」と話しています。（瀬）

開発魂に燃える人々

江戸時代の新田開発

村山の里に住んでいた先祖は、江戸時代に入ると丘陵沿いでは開発できる土地が少なくなってきたので、武蔵野の台地へと開発を進めました。玉川上水の通水に合わせるかのように、岸村からは小川新田（現・小平市小川町）を小川九郎兵衛が、砂川新田（現・立川市砂川町）を村野三右衛門が開発を手掛けました。

その後、幕府の新田政策によって中藤村からも中藤新田（現・国分寺市）、上谷保新田（現・国立市）などを開発する人が出てきました。

小川九郎兵衛の墓は禅昌寺（21頁掲載）にあり、340年を超える風雪に耐えた歴史と風格を感じるものです。小平市の神明宮は多くの開拓者の氏神様として岸村から移したもので、里山民家奥のその跡地には小さな祠が静かに立っています。（原）

禅昌寺にある小川九郎兵衛の墓。

スポーツのまち 武蔵村山

取材・文／丸山由花　取材協力／丸山美保子

ボールをヒットする時に「オムニキン、〇〇！」（〇〇はゼッケンの色）と言い、指定された色のチームはボールを落とさないようにキャッチします。

大人も子どもも一緒に「オムニキン！」

キンボールスポーツ

直径122cm、重さ約1kgの大きなボールを、4人1組のチーム３組がヒット（サーブ）やレシーブを繰り返す新しいスポーツです。市は、「共遊（みんなで楽しみ）」「主体（誰もが主役に）」「創造（ゲームを工夫して）」というキンボールスポーツの理念に共感し、誰でもすぐに楽しめる生涯スポーツとして普及に取り組んでいます。市内・近隣の小学校などで講習会を開き、大勢の子ども達や保護者にも楽しんでもらっています。また市内外でも数多くの大会が開催され、過去には都大会で「フレンドリーの部」「ジュニアの部」で優勝した実績も。今年は兵庫県宝塚市でワールドカップが開催予定。園児からシニアまで、幅広い年代の体力に合わせて楽しむことができるスポーツです。

※練習は総合体育館で毎月第2金曜19:00 ～ 21:15
（市内在住・在勤・在学者対象）
問い合わせ：042-565-1111（市役所生涯学習スポーツ課）

インストラクターの山本美由紀さん。

身体の中から健康になりませんか？

エアロビクスサークル MAC（マック）

毎週水曜、総合体育館会議室で活動しているエアロビクスダンスのサークルです。前半はエアロビクスダンスで汗をかき、後半はバランスボールやピラティスなどを中心に呼吸や体の動き、体の奥深くにある筋肉を意識しながら、エクササイズを行います。ラストには、アロマの香りに癒されながら、ストレッチポールで身体の歪みを正し、良い姿勢を作りだし身体のコリやハリを和らげ、本来あるべき身体の状態に戻します。挑戦してみたいと思ったあなた、一度見学してみませんか？

※総合体育館会議室で毎週水曜19:30 ～ 20:30
問い合わせ：042-567-5991（丸山）

武蔵村山市総合体育館
岸3-45-6 ／ 042-520-0082
http://musamura-gym.jp/

スポーツ祭東京2013

総合体育館は東京国体の会場！

ハンドボール

デンマーク発祥のハンドボールは、7人ずつ2組がボールを相手のゴールに投げ入れる競技。スピード感あふれるゲーム展開、豪快なシュートの迫力、激しいぶつかり合いが魅力です。武蔵村山市総合体育館が平成25年東京国体のハンドボール競技会場となっていることもあり、将来の国体選手やプレイヤーを目指す小学生児童に向けたハンドボール教室を、市教育委員会主催で開催しています。昨年は延べ1000名の参加があったとか。男女問わず練習に励む児童の中に、未来のスタープレイヤーが!?　（編）

※ハンドボール教室（小学生児童対象）は月2回土曜（6/25、7/16・23、8/6・20）、9:15 ～ 10:30（1 ～ 3年）、10:30 ～ 12:30（4 ～ 6年生）、総合体育館にて開催
問い合わせ：042-565-1111（市役所生涯学習スポーツ課）

写真提供／武蔵村山市役所

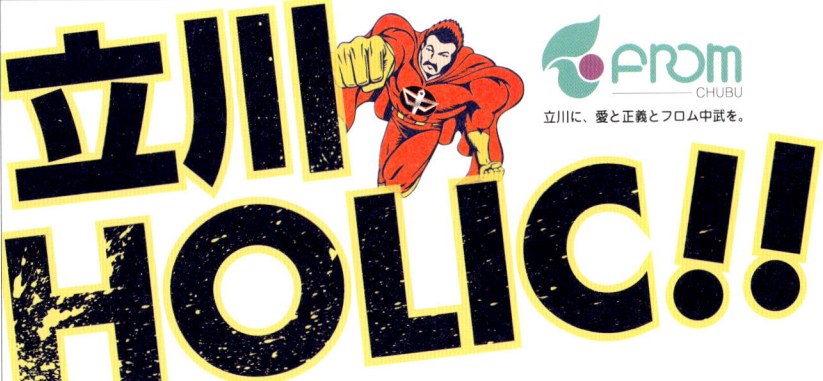

「多摩ら・び」お・ス・ス・メ

武蔵村山のお土産

A「むらやま小松菜豆腐」

厳選された大豆の旨みを最大限生かし、武蔵村山特産の小松菜を微粒粉末にして練り込み、ほんのりとした緑色が目にも楽しいむらやま小松菜豆腐。空気の澄み切った早朝から昔ながらの職人技で丹誠込めて作られ、市内の保育園にも納める信頼と安心の味をご賞味ください。　(関連記事23頁)

問い合わせ／
比留間豆腐店　本町3-1-5　042-560-0154

1丁 240円

C「えのさんの味全部入りセット」

多摩の地粉、国産の粉を使用し、手ごねから、足踏み、寝かし、さらに足踏みを繰り返し、生地を鍛え熟成そして手打ちで伸ばし手切りで仕上げます。店長の榎本正英さんのまごころも入ったうどんセット。タレはもちろん、茹でほうれんそうや国産豚バラの煮込みなど具材までワンパック。手軽に本場の味を楽しめます。

問い合わせ／手打ちうどん えのさん
三ツ藤1-86-4　042-569-1056
http://www.m-udon-enosan.net/

1セット（生うどん4人前・肉汁2人前・鰹めんつゆ2人前・濃縮めんつゆ（ぶっかけ用）1個・うどん屋さんラー油90ｇ）2,500円

B「てづくり　村山ゆでまんじゅう」

程よい甘さの小豆餡を、おなじみ村山うどんのために練り上げた同じ素材の皮で包んだおまんじゅう。一度口にすると忘れられない素朴な味です。かたくりの湯の一角で移動・ワゴン販売が中心。添加物などいっさい使用せず1日分だけ手作りのため午前中でほぼ完売。お風呂帰りの人たちが立ち寄る人気スポット。

問い合わせ／
田舎屋　中藤4-39-5
042-564-4428

1個 100円

D「鱈チャンジャ」「白菜キムチ」「焼き豚足」

焼き豚足　1本 300円
チャンジャ　120ｇ入 630円
白菜キムチ　100ｇ 190円

自家製韓国食品オモニ(母)の味を守り続けて27年。白菜の葉1枚1枚に具と思いを挟み込み、甘辛い旨味が自慢の白菜キムチ。コラーゲンたっぷりの豚足は、香ばしさを出すために焼き目を入れ女性にも人気。鱈チャンジャはビールのお供にも最適。どれも食欲をそそります。

問い合わせ／小西商店　学園3-58-3　042-565-5721
http://www.kimuton.jp/

E「村山お茶食パン」

北海道産小麦粉や沖縄の塩、れんげ蜂蜜など厳選した国産の素材にこだわり、地元武蔵村山産の茶葉と抹茶クリームを練り込んだパン。ふわっとした生地から抹茶の風味と甘味で何も付けずに召し上がれます。やや日持ちするおみやげ用は、おしゃれなバッグ入り。　(関連記事10頁)

1個 600円

問い合わせ／石窯パン工房 もりのこむぎ　学園3-42-3
042-562-0274　http://www.morinokomugi.com/

F「Terop（ティロップ）」

1個 1,500円

多摩の廃材を再利用した「ティロップ」は、カレンダーやフォトフレーム、小物入れ、ペンスタンド等々、使い方や色まで、使う人のアイデア次第で無限に広がる優れモノ。「国内の森は泣いている、その涙の一滴を生かそう」と家具職人・デザイナー松岡さんのアイデア商品。

問い合わせ／（株）コマ　伊奈平1-29-1　042-531-5995　http://www.koma.gs/

G「げんこつシュークリーム」

刻みアーモンドの香り豊かなシューに、天然バニラビーンズ使用のカスタードクリームと北海道十勝の生クリームが2層にたっぷり。店長のパティシエ立石卓也さんは自然に囲まれた武蔵村山の素材と味にこだわり、防腐剤や科学合成物などは一切使わない。大きめサイズでボリュームも満点。

問い合わせ／ケーキ工房 ラ・ブーム　残堀5-20-1　042-520-0282

1個 168円

H「MMペン」

武蔵村山市制施行40周年記念「武蔵村山らしさフォト40」の応募作品など21点の作品が巻物になって印刷されています。"自然の宝庫・人と人との絆"が込められたオリジナルボールペン。記念品やプレゼントにどうぞ！

1本200円

問い合わせ／武蔵村山市役所　秘書広報課
042-565-1111内線314

「村山かてうどん専用つけ汁付半生麺」

国産小麦100%で、無漂白のため純白ではない本来の小麦色。半生タイプのため常温なら夏期でも45日間保存出来ます。保存期間が長いため、おみやげにはもちろんお中元やイベントの賞品・販促品などに最適です。武蔵村山名物のうどんを全国にと「国際うどん科学研究所」を併設している製麺専門会社の逸品。　(関連記事53頁)

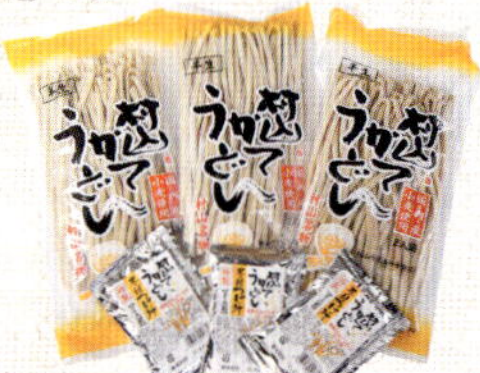

大盛6人前（2人前400ｇ3点と専用つけ汁3点で１セット）1,750円

問い合わせ／比留間製麺有限会社
残堀1-114-3　042-560-9493
http://www.hirumaseimen.jp　info@hirumaseimen.jp
※店舗販売ではないためネットからのご注文が確実です。この頁の地図には表記していません。

市民リポート

なつかしい風景に出合えるよ！

いろんな生き物がいるよ！

狭山丘陵
都立野山北・六道山公園

**武蔵村山市をやさしく見守るように広がる狭山丘陵の野山北・六道山公園。
その里山風景を復元・維持するために、長年にわたりボランティアや公園スタッフ、イベント参加者の皆さんが一緒になって活動してきました。日本の原風景・里山へいちど足を運んでみてください。**

取材／古浦玲子（文・撮影）、小川榮子、吉岡洋子

公園の案内人・パークレンジャーの皆さんに聞きました

都立野山北・六道山公園は平成18年（2006）4月1日から「西武・狭山丘陵パートナーズ」が指定管理者として公園の管理運営を行ってきましたが、今年4月からも引き続き指定管理者となりました。「西武・狭山丘陵パートナーズ」は造園業、NPOやコンサルタントなど5つの団体で構成され、それぞれ得意の分野を活かしあい、公園の管理運営を行っています。その中の「NPO法人 NPO birth（バース）」に属し、この公園の巡回や、ガイドウォーク（自然観察）をしてくれるのが、パークレンジャーの皆さんです。

野鳥が専門でパークレンジャー4年目の大畑良平チーフはじめ、カワネズミを研究してきた藤本竜輔さん、伊豆諸島のカタツムリ（シモダマイマイ）を研究していた葛西直子さん、武蔵村山市在住で、3年半ほど「さいたま緑の森博物館」で公園管理に携わってきた名執修二さん、日本百名山を制覇し、オカリナの名演奏者でもある久保田守さん、そして「里山絵図」などの様々なイラストを手がける公園管理所の丹星河《たんせいか》副所長と、個性的なレンジャーが揃っています。

レンジャーの皆さんが伝えたいことは、そろって「いのち」のこと。「いのちの大切さ」「いのちのつながり」をガイドウォークの場で伝えていきたい、そして、たくさんの生き物たちが暮らしている素晴らしい里山の自然がこんなに身近にあることに気づくきっかけづくりができれば、と話されていました。また、2006年11月に「武蔵村山自然に学ぶ会」の観察会に参加したのがきっかけで、念願のレンジャーになった名執さんは、人と自然のつながりが自分の人生を豊かにしてくれるということを伝えたいと話します。

里山民家のある岸田んぼが皆さん大好きだそうです。民家の北側に奥深く広がるたんぼとその周囲の雑木林はボランティアの皆さんとスタッフ、イベント参加者が自然と一緒に作り上げてきた賜物の風景だからです。人の関わり、自然との共生が実感できる場だからかもしれません。

里山ガイドウォークのご案内　＊事前申込み不要

日時：毎月第2・4日曜　13:30 ～ 14:30
集合：里山民家 13:30
問い合わせ：042-531-2325（インフォメーションセンター）
＊詳しくは43頁をご覧ください

久保田守さん。取材時はご不在でした。

レンジャーの皆さん。左から丹星河さん、葛西直子さん、大畑良平さん、名執修二さん、藤本竜輔さん。

市民リポート

武蔵村山市内の 都立野山北・六道山公園をぐるっと歩こう

てくてくたっぷり歩けるコース！

野山北・六道山公園の6割近くは武蔵村山市に属します。この豊かな自然に恵まれた野山北・六道山公園は私たち市民の宝です。

３月終わりから4月初めにかけてのカタクリの群生、5月の連休頃の朱色に彩られたヤマツツジ、夏の深緑とオオムラサキの蝶、秋のたんぼの実りと紅葉、冬のふかふかの落ち葉道……と四季折々を楽しむことができます。

市役所前のバス停から、あちこちへ足を伸ばしやすいルートを紹介します。

横田谷戸

→横田谷戸へ

市役所前のバス停から横断歩道を向かい側へ渡り、右へ50メートルほど進み左折し、空堀川沿いを上流方向に進みます。車道を渡り右に進むと、横田トンネルの先に横田児童遊園が左手に見えます。ここにはかつてトロッコ軌道交換所や車庫がありました。この公園を左折、続いて右折し100メートルほど行くと横田入口という看板があります。その路へ入ると、前方の視界がぱっと開け、小さなたんぼや湿地などの、街中とは思えないほどの自然空間があらわれます。市役所前から15分ほどで来られるこの谷戸は横田田んぼと呼ばれており、昔の里山風景を彷彿とさせる谷戸です。緩やかな坂道を登りつめると、広い尾根道に出ます。前方は学習田やカタクリの群生地、釣り池が広がる市立野山北公園です。広い石畳の道を左折してパーゴラのある出会いの広場までわずか、トイレと休憩ベンチがあります。

→ヱヶ入《えげいり》へ

パーゴラから、左手の堂山への道標を過ぎ少し進むと、右手の斜面はヤマツツジの群生地で、斜面の下では8月にキツネノカミソリの花が群生します。まもなく青梅街道の峰バス停から上がって来る道に出ますが、ここを右折すると六地蔵や野山北・六道山公園管理所（インフォメーションセンター）に出られます。ここでは左折し、100メートルほど下ってフェンスの切れ目を右に入るとすぐフェンスで囲まれた一角が見えます。ここは「武蔵村山自然に学ぶ会」の皆さんが1997年からカタクリの復元を目指して下草刈りなどの管理を続けている所で、今ではカタクリの群生地となり毎年花の咲く1週間ほどフェンスを開放しています。その先へ少し行くとヱヶ入谷戸が細長く広がっており、明るい静かな所でバードウオッチングに最適です。右手に行き階段を上ると管理所や六地蔵に出られますが、コースは左手に進みデッキを渡り前方に見える急坂を登って尾根の上に出ます。この尾根は大将山尾根と呼ばれていて、右手前方には総合体育館やグランドが見えます。尾根道を直進すると前方が開け、武蔵村山の街並みの先に丹沢方面や富士山、奥多摩の山並み、そして下田九一さんのみかん園の斜面が見渡せます。そこから間もなくで階段の真上に出ます。

カタクリの沢の案内板

カタクリ

<六地蔵～(1km)～給食センター>

→里山民家へ

前方の大岳山、雲取山など奥多摩の山並みを見て階段を下ると車道に出ます。左に見える横断歩道を渡りそのまま50メートルほど直進して右折すると、里山民家への案内板がありますが、そのまま直進すると右手に総合体育館が見えます。すぐ左折して、またすぐ畑の角を右折すると茶畑があります。茶畑の角を左へ登り道を100メートルほど進み、続いてササやぶの間の細い道を200メートルほど緩やかに下って行くと、里山民家に出ます。

ヱヶ入谷戸

里山民家

里山民家への道

茶畑

ササやぶの道

なつかしい風景に出合えるよ！ いろんな生き物がいるよ！
狭山丘陵　都立野山北・六道山公園

岸田んぼ

→岸田んぼから六地蔵へ

里山民家の後方に岸田んぼが広がっています。たんぼの周囲をぐるっと回っても20分ほど。たんぼの最奥部から山道を10分ほど登ると道幅のある周囲道路に出ます。左は六道山公園ですが、右に進みます。ここから六地蔵まで２キロほどのウオーキングになります。途中、日野出谷戸、赤坂谷戸に分ける道標があります。六地蔵の右手下方に管理所があります。直進すると峰のバス停に出られます。

六地蔵

あそびの森

→冒険の森からかたくりの湯

六地蔵から左へ1キロほど行くと「あそびの森」と「冒険の森」を経て「かたくりの湯」バス停に出られます。これでぐるっとひと回りしたことになります。

冒険の森

管理所（インフォメーションセンター）

周囲道路の看板

日野出池

赤坂谷戸

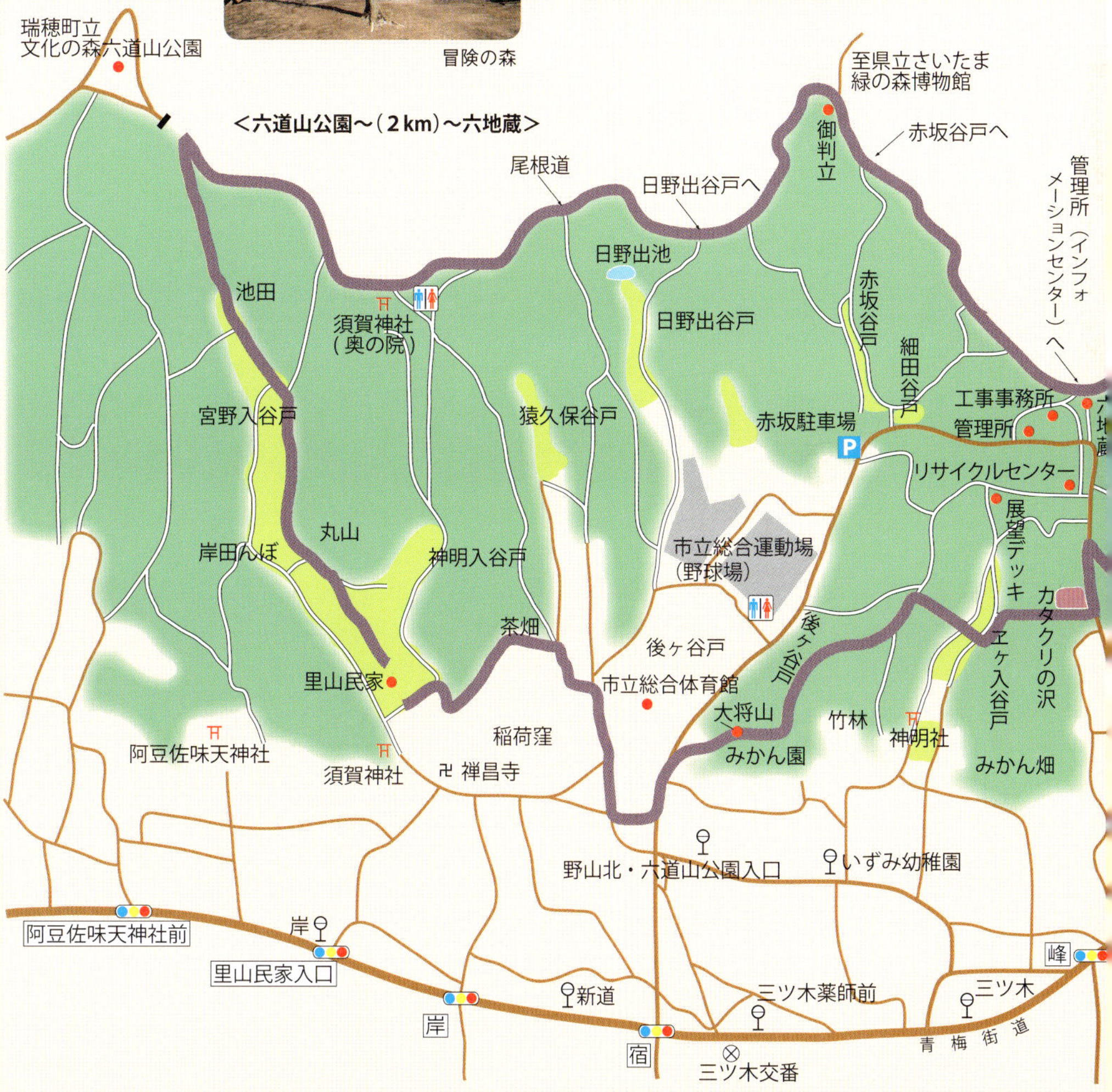

市役所前バス停→15分→横田田んぼ→10分→出会いの広場→15分→カタクリの沢→3分→ヱヶ入谷戸→15分→大将山→30分→里山民家→25分→周囲道路→40分→六地蔵→20分→冒険の森→5分→かたくりの湯バス停　〈約3時間〉

市民リポート

機関車が走ってた！

軽便鉄道廃線跡紀行

狭山丘陵を貫くトンネル群と桜並木の散歩道

取材・文・写真／砂田 宏

昭和初期、武蔵村山には羽村山口軽便鉄道が走っていました。軽便鉄道とは簡易な規格で建設されたレール幅1067ミリ未満の鉄道です。現在、廃線跡に整備された野山北公園自転車道は、狭山丘陵にある赤坂トンネルからグリーンタウンの中央を抜け横田基地手前まで3・749キロのサイクリング・散歩道になっています。また、番太池から残堀川までの2・5キロは、東京の自然・歴史・文化にふれる「武蔵野の路 多摩湖コース」と重なっています。鉄道跡のトンネル群、自転車道の桜並木、往時の面影や見どころを訪ねてみました。

＊写真提供／武蔵村山市教育委員会
＊＊写真提供／武蔵村山市商工会

トンネル群と「武蔵野の路 多摩湖コース」が通る狭山丘陵付近

トンネルが貫く狭山丘陵は、新緑の春、木々に花が咲く初夏、色づく秋、枝だけになった木々の冬と変化に富んだ季節の移り変わりが楽しめます。5号隧道上の小高い山に富士塚があります。昔、富士登山ができない人たちがこの山に登り、はるかに遠い富士山に向かい手を合わせていました（20頁「富士講」参照）。山頂からの視界には人工の構造物がほとんど無く、タイムスリップして遠い昔の人々と同じ風景を眺めることができます。「武蔵野の路」はカブト橋から番太池で自転車道につながり残堀川まで続きます。

初夏はコナラやクヌギ、エゴノキ、ネムノキ、ニセアカシアなどに花が咲き、秋はドングリと落葉の絨毯に変わり、冬は木々の間からたくさんの野鳥を見ることができます。

富士塚から望む富士山。

＊＊

都の水道局の敷地内にある5号隧道は封鎖されています。

＊＊

番太池から御岳トンネルへと続くあたりでは、「むらやまホタルを育てる会」の皆さんが水を循環するなどして大切に育てたゲンジボタルが、6月から7月にかけて飛び交うそうです。

＊＊

10月に武蔵村山市商工会が主催するウオーキングイベントでは、毎年市内外からの2,000人以上の参加者が4本のトンネルをワイワイ、ガヤガヤと通り抜けてゆきます。

番太池ではカワセミをよく見かけます。

トンネルの通行時間：7時～18時（10月～3月は17時まで）

トンネル群とその付近

横田児童遊園（横田車庫・資材置き場などの跡）から狭山丘陵の中へ、幅2.5メートルの5本のトンネルがあります。それぞれ横田トンネル（1号隧道）、赤堀トンネル（2号隧道）、御岳トンネル（3号隧道）、赤坂トンネル（4号隧道）と所在地から名づけられました。トンネル内はひんやりとして、セメントの石灰からできた鍾乳石の白や灰色、地下水の鉄分の茶色、苔の緑や赤など、さまざまな模様を作りだしています。昭和40年頃、5号隧道を通り抜けた先の導水管からゴーゴーと音を立て流れ出る水を見に行ったそうです。トンネルは暗く長く、“ドードー”と呼ばれていた水が流れ出る場所はとても怖く、少年たちにはちょっとした冒険だったとか。

＊

1号隧道（横田トンネル）西入口での記念写真。昭和6年頃。

多摩らいふ倶楽部イベント

2011年7／20（水）「夏だからこそ歩きたい 廃線跡」を開催します。58頁をご覧ください。

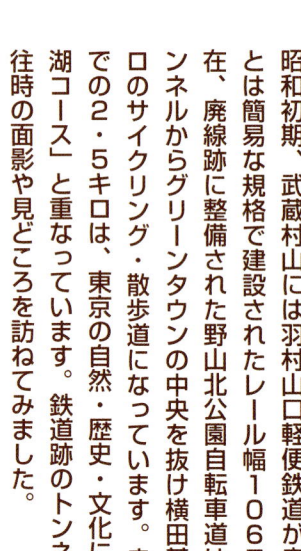

特集 武蔵村山

狭山丘陵を貫くトンネル群と桜並木の散歩道

軽便鉄道廃線跡紀行

残堀川と導水管が交差する堀川橋の両側にある看板には、「埋設深さ　上端AP112.8m　下端　AP108.0m」と表示されています。ここの海抜は123.71メートル、地上から10メートル以上も深く埋設された導水管が残堀川の下を通っています。

＊＊

往時と同じプリマウス型ガソリン機関車。新幹線のレール幅は1,435ミリ、JR在来線は1,067ミリ、この軽便鉄道は大人の歩幅より短い610ミリ。昭和に西武園遊園地とユネスコ村間を走っていた懐かしい“おとぎ電車”も軽便鉄道の1つで762ミリのレールでした。

軽便鉄道とその歴史

東京市の人口増加に伴う水不足を解消するために大正13年（1924）に村山貯水池（多摩湖）が完成し、多摩川の羽村堰から多摩湖（西側）まで埋設された導水管で送水されました。更なる貯水力増強のため山口貯水池（狭山湖）の建設が決まり、その導水管の上（地上）に羽村山口軽便鉄道のレールが敷設され、28台の機関車と450両の鉄製トロッコがダム工事に必要な砂利や資材を運搬しました。この鉄道による運搬は建設費の節約と、工期短縮に大いに役立ちましたが、昭和4年（1929）中頃から昭和7年7月までの約３年間運行した後にレールは残されたまま廃止。その後、戦時中にダムのかさ上げ工事の際に一時的に復活したようですが、これを最後に昭和19年（1944）にはレールが撤去されました。

残堀砕石場跡。羽村の砂利採取場から運ばれた砂利は、用途に応じた大きさに選別・破砕されて工事現場へ運ばれました。今も残るコンクリート製の土台が、何に利用されたものかは不明。

＊

プリマウス型4.5tガソリン機関車。

＊

ドイッツ製7tディーゼル機関車。

“J”を逆にしたような青色の空気孔。出口に耳を近づけると、直径２９００ミリの導水管を流れる水音を聞くことができます。

＊

大日本鉄鋼部製5t蒸気機関車。残堀砕石場の桟橋の上で。

山王森公園付近の南側にあるカッパの木。切り株がカッパに似ていると新聞に紹介されたこともありますが、さてカッパの子どもに見えますか？

のんびりと歩いてみると

トンネルを抜けた西方向は2.5キロも続く桜並木で、その両脇にスイセン、チューリップ、サツキ、ツツジ、クチナシ、サザンカ、アジサイなど、いろいろな花や植木が植えられています。秋には赤と黄色の彼岸花も見ることができます。のんびりと歩いて、軽便鉄道の面影や季節の花々を楽しみましょう。

カブトのマークがついた距離プレートが、100メートルおきに設置されています。

交差点毎にカブトの車止めが設置されています。

市の企画による体験型市民農園「ふれあい農園」では、園主さんの指導を受けながら70名ほどの市民の方が新鮮でおいしい野菜を栽培・収穫しています。

車庫や資材置き場などがあり、機関車やトロッコの起点となっていた所で、平成11年（1999）まで残っていた燃料庫も老朽化のために取り壊されました。現在は横田児童遊園になっています。

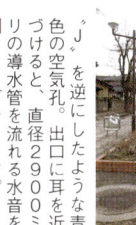

2011年度

知のミュージアム 多摩・武蔵野検定

7月から受検申し込み受け付け

文人墨客がこよなく愛した潤いのある水と緑の多摩。2万5000年以上前から武蔵野台地に人が住み、歴史を築いてきました。いま、ここに400万人が暮らし、伝統産業が息づいています。そんな多摩地域の素顔を知れば知るほど、この地に愛着がわきます。そんな気持ちをはぐくむ一助にしていただこうと始めたのがご当地検定の「知のミュージアム 多摩・武蔵野検定」です。今年も11月に行います。ぜひ受検してください。

期日 11月20日(日) 試験時間90分
午前10時＝3級(2級との併願可能)
午後 2時＝2級(3級との併願可能)
午後 2時＝1級(2級合格者に限る)

試験級と出題形式

- ●マスター3級＝多摩地域の自然、歴史、産業、文化の基本的な事柄を公式テキストから80%以上出題。択一式100問以内。合格は正解70%以上(偏差値換算)
- ●マスター2級＝3級検定より高度で広範囲な問題を公式テキストから60%以上出題。択一式100問以内。合格は正解70%以上(偏差値換算)
- ●マスター1級＝受検対象は2級合格者とする。多摩地域に関する深い内容でテキストに準拠して、択一、記述式、小論文を出題。50問以内。合格は70点以上。

検定会場 明星大学日野キャンパス

直前講座 10月23日(日)
明星大学日野キャンパス

おさらい講座 11月20日(日＝検定当日)

料金 税込 ※学生は中学生以上。団体は10人以上

		学生	一般	一般団体
受検料	3級	1,575円	3,150円	2,625円
	2級	2,625円	5,250円	4,200円
	1級	3,675円	7,350円	6,300円
直前講座	3級	3,150円	6,300円	6,300円
	2級	3,150円	6,300円	
おさらい講座		各級1,050円		

申し込み 7月1日(金)～9月26日(月)

■知のミュージアム　多摩・武蔵野検定公式テキスト(2,100円、ダイヤモンド社)
■知のミュージアム　多摩・武蔵野検定模擬問題集(1,365円、けやき出版)
■知のミュージアム　多摩・武蔵野検定過去問題集(1,050円、けやき出版)
いずれも都内有名書店で販売中。

4月からほぼ毎月、多摩地域全市町村の自然や歴史などを訪ねる「多摩めぐり30」を愉しんでいます。第1回の小金井市に続いて、町田市で行いました。7月の舞台は立川市。タマケン合格者と一般市民の交流の場にもなっています。

お問い合わせ 知のミュージアム 多摩・武蔵野検定事務局
http://www.tamakentei.jp

〒190-0023立川市柴崎町2-2-1KSビル3階
(社)学術・文化・産業ネットワーク多摩
電話 042-548-3588　FAX 042-540-4725
E-mail info@tamakentei.jp

地元を愉しも。タマケン。

おみやげからはじまる多摩30市町村の魅力再発見サイト!

東京・多摩のおみやげ

TOKYO TAMA SOUVENIR

TAMA

今すぐ欲しくなっちゃう
"おみやげ"がたくさん!
多摩のおみやげを
探すなら～♪
商品名、市町村名を
入れてクリック!

※こちらはイメージです

このサイトを見てお店へ行こう!

http://www.tamanoomiyage.jp/

<平成23年実施>
『東京・多摩のおみやげ』ベストセレクション

『東京・多摩のおみやげ』サイト掲載商品の中から『東京・多摩のおみやげ』ベストセレクションを決定! どのおみやげにするか迷った時には、ベストセレクションが頼りになります! 乞うご期待!

多摩信用金庫 価値創造事業部内『東京・多摩のおみやげ』担当　TEL:042-526-7727

岩崎英二の 62 交遊録

お盆が近いから
本当にあった
怪《こわ》い話

まなまた、昔話で恐縮ですが、もう30年も前のことだったかな。

三越劇場の小さな応接室で、先代の水谷八重子さんと雑談している時、ひょっこり演劇評論家の大木豊さんがやって来たんだ。

彼は胃癌を患っていたんだが、初期だったので、回復して元気な姿を見せていた。

「大木さん、よかったわね」

と水谷さん。

「そうでもないんです。先日ね」

「……」

「検査で病院へ行った時、廊下で倒れてしまってね。意識不明で再入院したんです」

「……」

「不思議な夢を見ました。三途の川の岸に立っていると、2人の亡者が舟に乗ってやって来たんです」

「え？　亡者」

「おい、こういう役者に会いたいんだが」

「誰かしら？」

「花柳章太郎さんだったかな。随分前に亡くなった名優ですね。記憶がちょっとおぼろげだけど、やがて2人は帰ってきて、いくら探してもいないね、もう君は帰っていいよ。ここは君の来る処じゃないよ」

「舟に乗らなくてよかったわね」

「ふっと、意識が戻ってね」

半年後、他に転移したのか、彼は彼岸に行ってしまい、帰らぬ人になってしまった。

あの舟に乗ったのかな。

「あ、きれいなハナがいっぱい咲いているなあ」

なんて言いながら――。

まだ50代の若さだったのに。

岩崎英二（いわさき ひでじ）

一貫して三越本店で宣伝（広告・催し物）の仕事に携わる。社長の岡田茂氏の薫陶（？）を受けるが、30余年間誉められたことなし。のち三越劇場支配人となり、水商売の楽しさつらさを10年余り満喫し、多くの個性豊かな演劇人・芸能人との親交を持つ。本誌5号より「岩崎英二の交遊録」を担当。

新旧地形図で見る多摩の道 ⑫

取材・文／今尾恵介

武蔵村山

「武蔵村山」という地名は昭和45年（1970）に市制施行した時のもので、それ以前は北多摩郡村山町といった。山形県にすでに村山市があったため、同一を避けて旧国名を冠したのである。「村山」は狭山丘陵付近の広域地名であり、中世の武蔵七党のひとつ、村山氏の発祥の地とされる。村山は「群山《むれやま》」で、狭山の異称とする説もあるようだ。

現存しない「横田」の地名

村山村が誕生したのは大正6年（1917）のことで、中藤《なかとう》・三《み》ツ《っ》木《ぎ》・岸の三村が合併したものである。村山村を構成する旧三村のうち、中藤村については明治41年（1908）に横田村と合併している。ふつうなら「大字横田」として存続するところだが、ここはなぜか中藤村に完全に呑み込まれたため現存しない。

ところが米軍の横田基地に地名を使われたため、本来の村とはだいぶ離れた所ではあるが、ある意味で国際的な地名になった。なぜ横田の地名かといえば、米軍極東地図局（AMS）が作った地図の「YOKOTA」の地名が飛行場の最寄りに見えたから、という説が有力のようだ。おそらく日本の陸地測量部が作成した5万分の1「青梅」に通称地名としての横田が記載されていたのを、そのままローマ字化したのだろう。現在でも横田は通称地名として使われており、横田児童遊園や横田バス停などにひっそり残っている。このあたりは中藤が町名地番変更する際に横田を復活することも可能だったはずだが、横田は本町《ほんまち》3～5丁目となり、またその東隣は「中央」とされた。このため中央5丁目、6丁目は大半が山林という「奇観」が見られる。

狭山丘陵の根通り「青梅街道」

市域の北部は狭山丘陵で、その麓には青梅街道沿いに集落が広がっている。これは東隣の東大和市内と同様、湧水の得やすい山麓に集落が並んだら必然的にこうなったのだろう。薪炭林としての雑木林が広がる北側と、耕地として使う南側の平坦地という使い分けが必然的に行われるため、大字（旧村）の領域は南北に細長いものになった。**図1**は近代以降の集落が登場する以前の典型的な形態を見せている。局所的に見ると、このあたりの川が東流しているのは不自然な気がしないでもないが、大昔の古多摩川の扇状地（狭山丘陵はそれに半ば呑み込まれた山塊である）なので、その流れの方向に沿っていると思えば納得できる。

街道は山麓の集落を結んで通るのが古くからの根通り（根は山麓の意）で、これが現在の青梅街道。そもそも幕府が石灰石の輸送路として整備した道はもっと南側の通称「桜街道」の方だ。この名称はかつて桜が植えられていた広い道であったことにちなむが、人気《ひとけ》のないところを延々とまっすぐ伸びる道はやがて廃れてしまい、**図1**の頃はいかにも寂しそうな風景が続いていたことを窺わせる。

この街道は武蔵村山市内では現在「江戸街道」となっているが、隣の東大和市で江戸街道といえば800メートルほど北を通る別の道だから食い違っている。この道に沿うのが現在の新青梅街道だが、**図2**をよく見れば、南北に並行して緩やかにカーブする細道が切れ切れに残っているのがわかる。この道はかつて「引《ひき》又《また》街道」（または「市街道」）と称した。引又は現在の志木市だが、かつては引又宿として新河岸川《しんがしがわ》に設けられた河岸と街道の結節点として繁栄した。明治8年（1885）に館村と合併して志木宿となって消滅している。

他のまちに通じる道と特徴ある市境

村役場から南西方向に伸びているのは福生《ふっさ》街道。これは現在の横田基地に分断されているが、切れた部分を繋いでみれば、ほぼ直線的に福生の町へ通じている。中藤から南南東に直線的に伸びる道は「府県道」の記号で描かれているが、これは比較的新しいもので、明治期の地図を見ると数ある細道のひとつに過ぎない。立川へ通じる道である。

これを南下すると金比羅橋《こんぴらばし》で玉川上水を渡るが、その西側で上水が屈曲しているのは立川断層のためだ。地面の段差があるため、無理にまっすぐ行けば切り通しが2～3メートルも高くなってしまう。この縮尺の地形図でははっきりしないが、断層は北西～南東の方向に続いている。かつての残堀川はこの断層の西側に沿って流れていたが、経路が西へ移されているため、等高線と川の流れが無関係になり、その後プリンス自動車工業の工場（後の日産自動車村

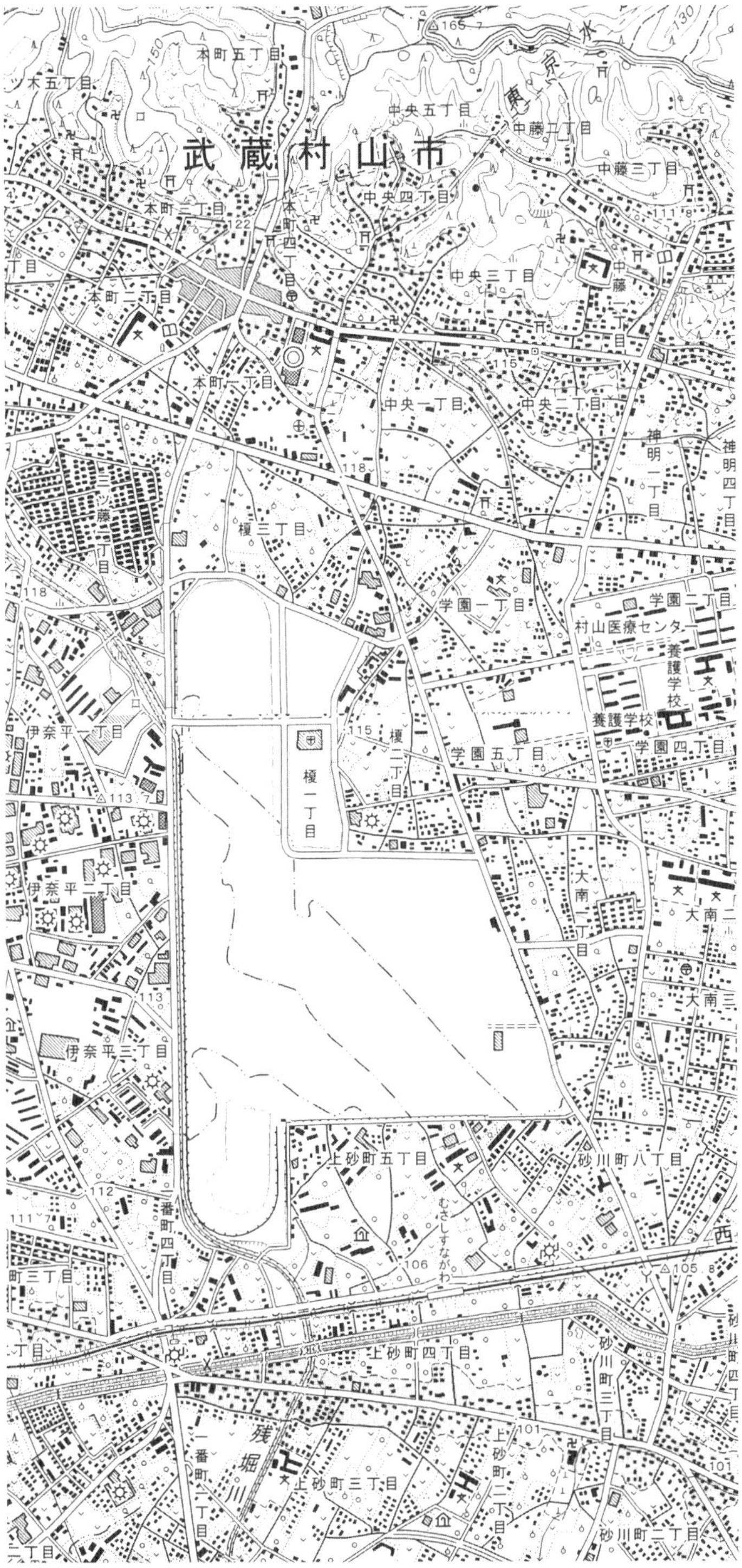

図2　1:25,000「所沢」平成17年更新＋「立川」平成18年更新

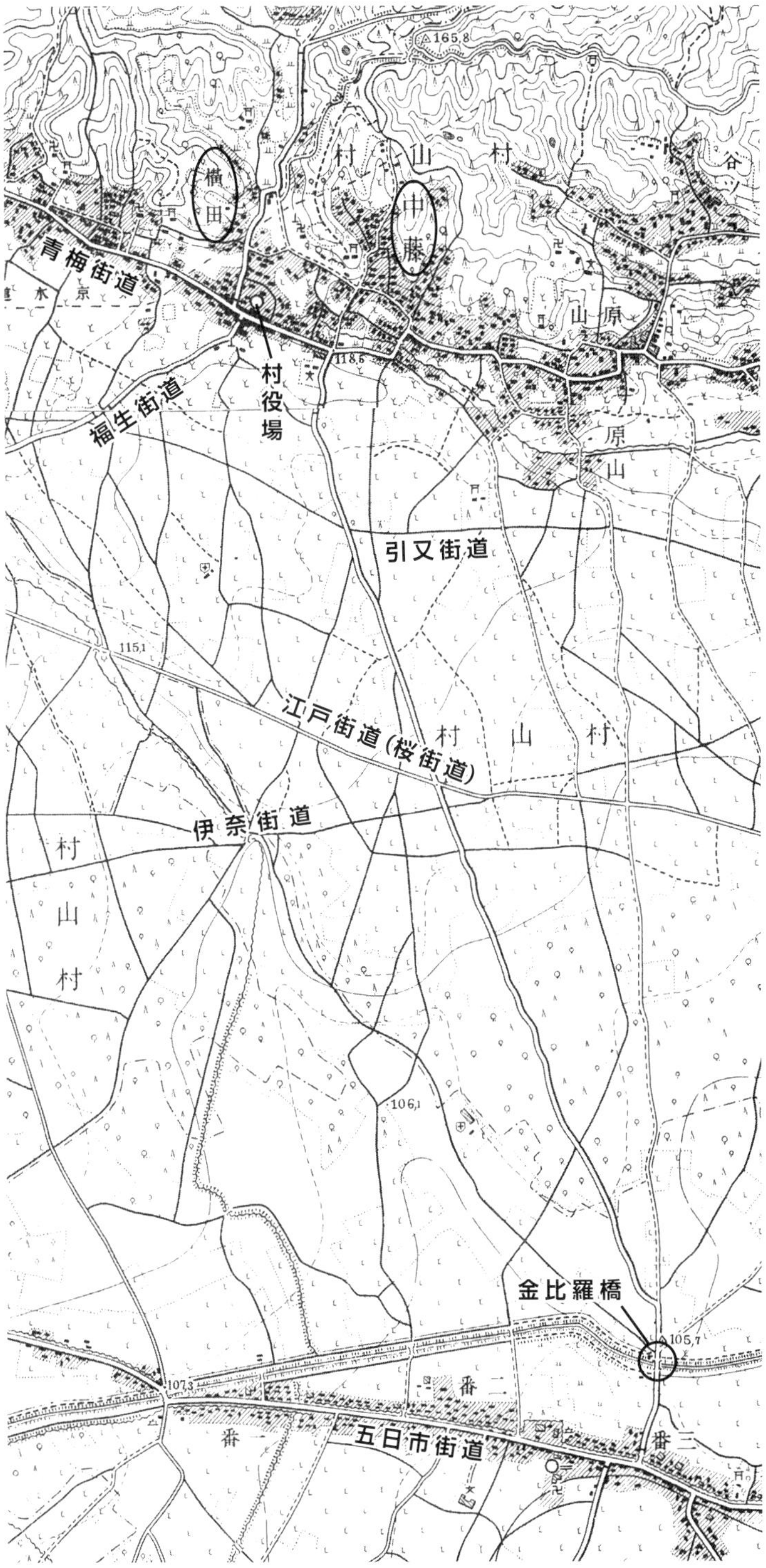

図1　1:25,000「所沢」昭和10年鉄道補入＋「府中」昭和10年鉄道補入

山工場）ができてさらに移設された。平成13年（２００１）に工場が閉鎖された後は更地となったが、**図2**はその状態だ（その後は敷地の一部にイオンモールなどが進出）。

　更地で何も描かれていないので特徴ある市境がよく見えるが、半島状に細長く伸びた立川市域は**図1**の頃も同様だが（境界は一部異なる）、この「半島」が断層西側の低地に沿っていることは明らかだ。玉川上水の南側には水田の記号も見えるから、ここが浅く細長い窪地になっていることが窺える。半島のくびれた所に通っているのは伊奈街道で、これはあきる野市の伊奈へ向かっている。

　伊奈はかつて石材産業で栄えた村で、一時期は五日市よりも繁栄した。この街道が残堀川を渡る橋にはおおむね8つの方向から道が集まっているが、人家がまったくないのは珍しい景観だ。どんな風景だったのだろうか。南や西側が桑畑や畑だから、きっと富士山や奥多摩、丹沢などの山が一望できる所だったに違いない。そういえば工場がなくなって以来ここは更地だから、山々は再びよく見えるようになった。

今尾恵介（いまおけいすけ）
1959年横浜生まれ。少年期より地形図を眺め暮らし、地図や鉄道にまつわる本の執筆を行っている。著書に『多摩の鉄道沿線　古今御案内』（けやき出版）、『地図から消えた地名』（東京堂出版）、『地名の社会学』（角川選書）等多数。㈶日本地図センター客員研究員。日野市郷土資料館協議会委員。日野市在住。

数字で見る武蔵村山市

市のマーク
武蔵の村山の頭文字「ム」を鳩の姿に図案化。中央の円は市民の融和、全体の姿は産業と文化の飛躍を象徴し、限りない市の発展を表わしたもの。
（昭和45年11月制定）

マーク、写真提供／
武蔵村山市役所

市の花：茶の花

市の木：榎

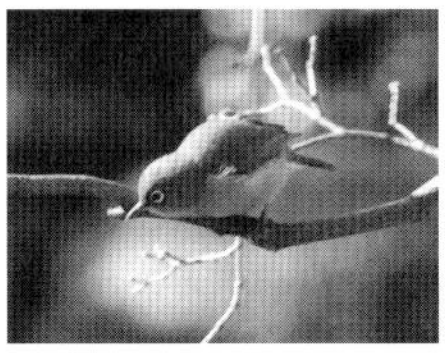
市の鳥：メジロ

■面　　積　15.37㎢

■世帯数　2万9,220世帯

■人　　口　7万1,690人

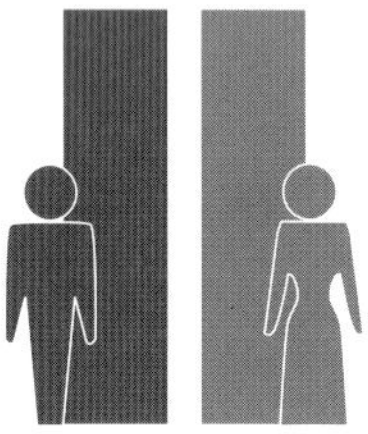

男：3万5,915人
女：3万5,775人

外国人登録者を含む。
武蔵村山市ホームページ　平成23年3月1日現在

■人口密度　4,664人／㎢

上記データより算出

◉ 年齢別割合

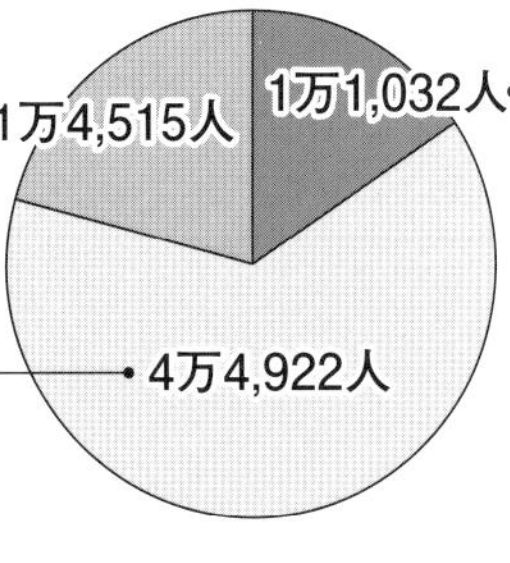

住民基本台帳（平成23年1月1日）より算出、小数点以下第2位四捨五入

◉ 昼間人口と夜間人口

昼夜間人口比（夜間人口を100とする）　89.8%

国勢調査　平成17年

◀◀◀武蔵村山について教えてください

アンケート「I Love 武蔵村山！」

4月上旬に、多摩信用金庫の武蔵村山市内3店舗で実施されたアンケートの結果です。お忙しい中、124名の方々にご協力いただきましてありがとうございました。皆さんの武蔵村山に対するイメージをご紹介します。

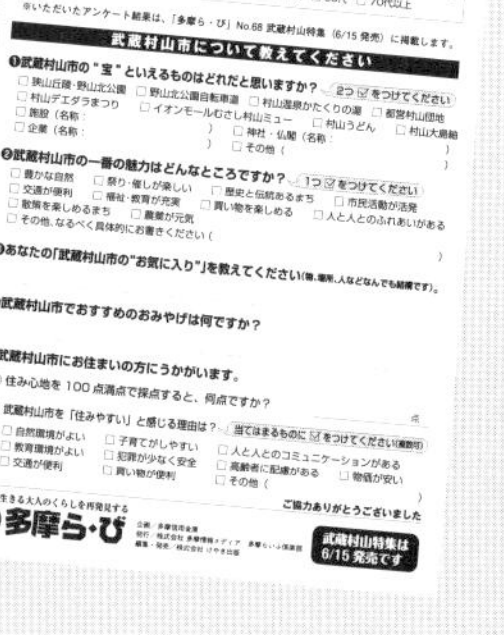
地域情報誌 多摩ら・び
アンケート
I Love 武蔵村山！
あなたの回答が「多摩ら・び」武蔵村山特集に反映されます

「多摩ら・び」は、
市民の皆さんと一緒に制作しています

あなたについて、該当する項目に☑をつけてください
●武蔵村山市に　□在住　□通勤・通学　□市外から訪れた
●性別　□男性　□女性
●年代　□20歳未満　□20代　□30代　□40代　□50代　□60代　□70代以上

※いただいたアンケート結果は、「多摩ら・び」No.68 武蔵村山特集（6/15発売）に掲載します。

武蔵村山市について教えてください

❶武蔵村山市の"宝"といえるものはどれだと思いますか？　2つ☑をつけてください
□狭山丘陵・野山北公園　□野山北公園自転車道
□村山デエダラまつり　□イオンモールむさし村山ミュー　□村山温泉かたくりの湯　□都営村山団地
□施設（名称：　）　□村山うどん　□村山大島紬
□企業（名称：　）　□神社・仏閣（名称：　）
□その他（　）

❷武蔵村山市の一番の魅力はどんなところですか？　1つ☑をつけてください
□豊かな自然　□祭り・催しが楽しい　□歴史と伝統あるまち
□交通が便利　□福祉・教育が充実　□買い物を楽しめる　□市民活動が活発
□散策を楽しめるまち　□農業が元気　□人と人とのふれあいがある
□その他、なるべく具体的にお書きください（　）

❸あなたの「武蔵村山市の"お気に入り"」を教えてください

❹武蔵村山市でおすすめのおみやげは何ですか？

❺武蔵村山市にお住まいの方にうかがいます。
① 住み心地を100点満点で採点すると、何点ですか？　点
② 武蔵村山市を「住みやすい」と感じる理由は？　当てはまるものに☑をつけてください
□自然環境がよい　□子育てがしやすい　□人と人とのコミュニケーションがある
□教育環境がよい　□犯罪が少なく安全　□高齢者に配慮がある　□物価が安い
□交通が便利　□買い物が便利　□その他（　）

ご協力ありがとうございました

多摩に生きる大人のくらしを再発見する
隔月刊 多摩ら・び
武蔵村山特集は6/15発売です

武蔵村山の宝は？（複数回答）

1位　狭山丘陵・野山北公園　46人
2位　イオンモールむさし村山ミュー　44人
3位　村山温泉かたくりの湯　35人
4位　村山うどん　33人
5位　村山デエダラまつり　32人

（12項目中の上位5位）

武蔵村山市の一番の魅力は？

1位　豊かな自然　71人
2位　買い物を楽しめる　14人
3位　散策を楽しめる　11人

（11項目中の上位3位）

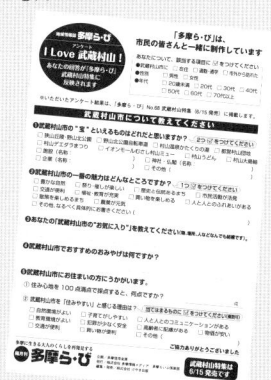

◉ 市民1人あたりの都市公園面積が広い

17.66㎡　※多摩地域で 第1位

都立公園として最大級の広さを誇る野山北・六道山公園が、市の北部（一部瑞穂町）の狭山丘陵にあり、身近な自然を体験できる活動拠点となっています。

『公園調書』平成20年4月1日　東京都建設局公園緑地部管理課

◉ 花咲くまち 武蔵村山

野山北公園「学習田」南斜面のカタクリの株数

約2万 株　※見頃は3月下旬～ 4月上旬

湖南菖蒲園の菖蒲の種類・株数

約30種　3,000株　※見頃は6月上旬～下旬

武蔵村山市ホームページ

◉ 村山デエダラまつりの来場者数

10万人以上（主催者発表）

武蔵村山に古くから伝わる「デエダラボッチ（大多羅法師）」という巨人の伝承に着目し、平成17年（2005）より毎年10月に行われている「村山デエダラまつり」。山車の運行やダンス大会などが催され、多くの人で賑わいます。（6頁に関連記事あり）

村山デエダラまつり
オフィシャルサイト

◉ 産業大分類別従業者数

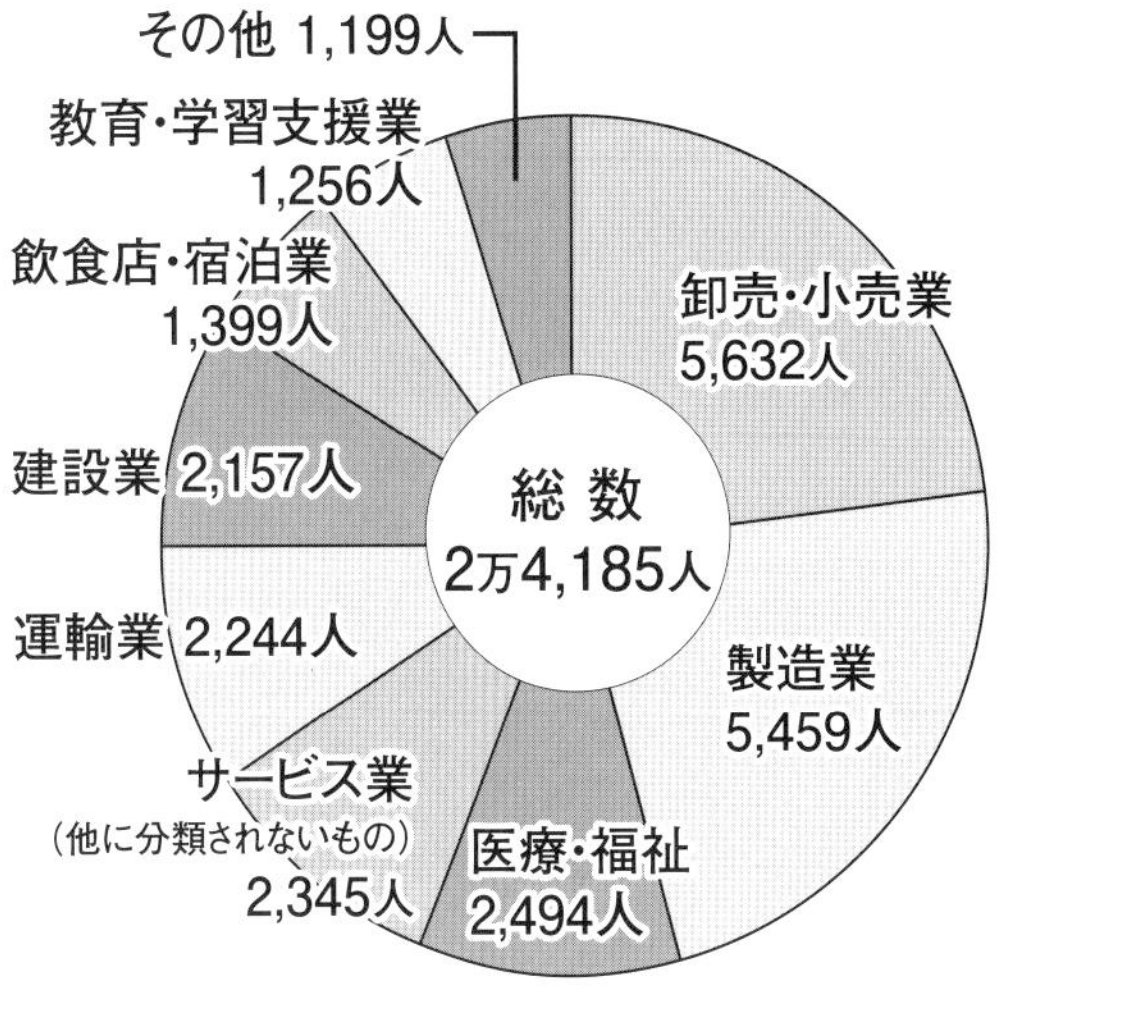

事業所・企業統計調査報告　平成18年

◉ 特色ある農産物

みかんの収穫量　26ｔ（平成17年）

※多摩地域で 第1位　農林水産省「わがマチ・わがムラ」

りんごの収穫量　9ｔ（平成18年）

※八王子市と並び多摩地域で 第1位

生茶葉の収穫量　25ｔ（平成18年）

※瑞穂町、青梅市、東大和市に次いで多摩地域で 第4位

小松菜の収穫量　483ｔ（平成18年）

※八王子市に次いで多摩地域で 第2位

『多摩の農業統計』平成20年3月

武蔵村山市のお気に入りは？（自由回答）

1位　イオンモール むさし村山ミュー　19人
2位　狭山丘陵・野山北公園　9人
3位　村山うどん　8人

武蔵村山市のおみやげは？（自由回答）

1位　村山うどん　42人
2位　狭山茶　18人
3位　文明堂のカステラ　7人
4位　歌舞伎揚　5人

住み心地は何点？

（小数点以下四捨五入）

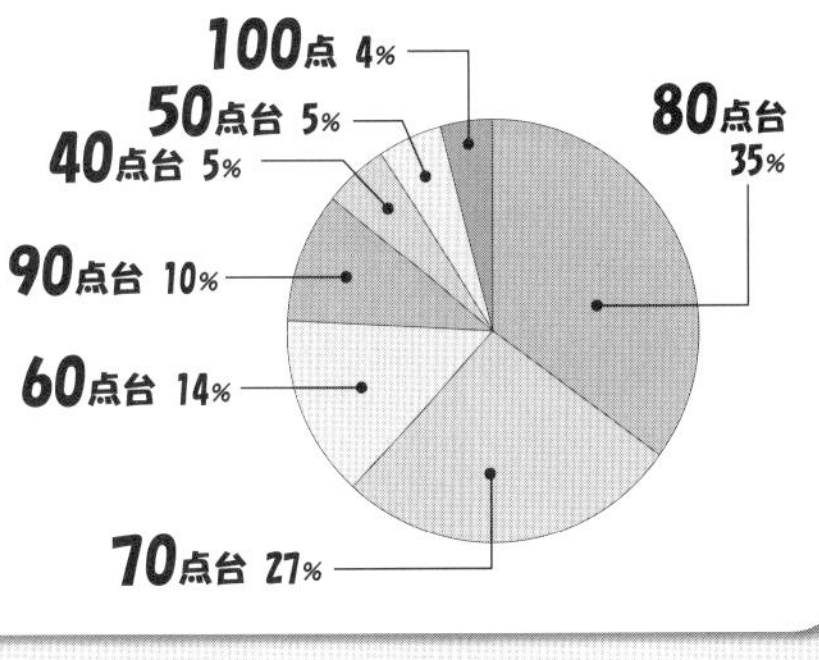

〈住みやすい理由ベスト4〉（複数回答）

1位　自然環境がよい　63人
2位　犯罪が少なく安全　22人
3位　人と人とのコミュニケーションがある　19人
4位　買い物が便利　18人

アンケートからは狭山丘陵などの自然豊かなまちというイメージが浮かびあがります。一方で買い物の便利さもあげられていて、バランスの良さがうかがえます。

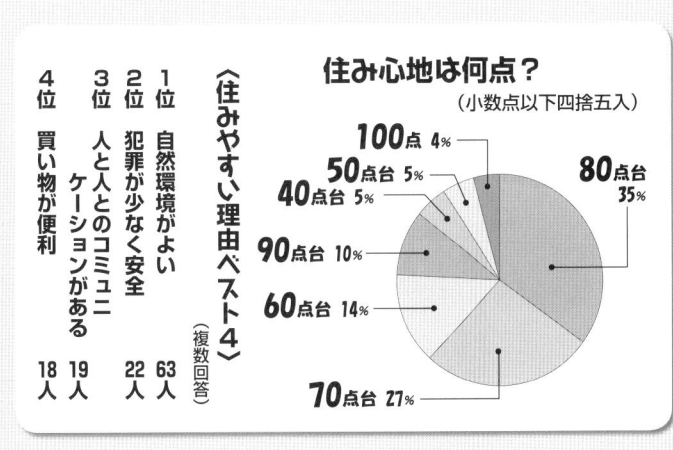

『指田日記』を読む

文／内野 昭、編集部

　『指田日記』とは、中藤村原山（現・中央3丁目）に住んだ指田摂津正藤《さしだせっつのかみふじ》詮《あきら》が記した日記で、江戸時代の天保5年（１８３４）から明治3年（１８７０）までの37年間の出来事が、全15巻にわたり記述されたものです。武蔵村山市の歴史や風俗、事件などを読み解く上で大変貴重な資料であり、市の文化財にも指定されています。

　寛政7年（１７９５）に生まれた指田摂津正藤詮は、神職と陰陽師の資格を持ち、また同じ原山に住んだ陝山斎藤寛卿《きょうざんさいとうかんけい》先生に師事し、学問や医術も習得していました。先生の死後は自ら寺子屋を開き、近隣の子ども達の師となりました。

　そんな指田藤詮の残した『指田日記』には、江戸から明治へと移り変わる時代の中、庶民の生活においても疱瘡やコロリ（コレラ）などの疫病の流行、泥棒や火事、事件の多発など、騒乱の世であったことが克明に記されています。また浦賀に黒船がやってきたことや安政の大地震、桜田門外の変などについての記述も。年中行事や祭りなどの記述も多く、特に「講」や裸参りが盛んに行われていた事実を読み取ることができます。

　その資料的価値が評価され、昭和51年（１９７６）には市の有形文化財に指定。この『指田日記』を研究するグループは、平成6年の「指田日記中藤の会」発足以来、緑が丘と原山でも発足し、今もなお活動が続けられています。さまざまな視点からかつての暮らしぶりを読み解くことで、郷土愛が育っているようです。

『指田日記』より（抜粋）

天保5年(1834) 1月1日	去る秋より米穀高値困窮の者多し。これに依り村内年賀を休む。
2月7日	江戸外神田佐久間町二町目より出火大火。
2月9日	江戸ひもの町より出火、西南の風あり大火。
7年8月18日	昼、七兵衛宅に盗人いり鍬二梃を盗む。
8年6月4日	昨夜、三ツ木内出に盗賊押し入り、金子130両余り奪い取り立ち去る風聞。
10年2月3日	中藤・神明ケ谷稲荷講。子供七人入門。
11年5月11日	留蔵を雇いエゴマを蒔く。昨日、奈良橋の七郎兵衛児、疱瘡にて死す。
12年5月16日	萩の尾にて若者、天気祭りと称し皆々裸になりて泥にまみれ村内を行歩す、諸芸・技あり。
15年1月23日	25ヶ村一同盗人狩り。
嘉永2年(1849) 10月2日	博徒所々に横行し、或いは推し込み、或いは旅人を剥ぎ取り、乱暴するにより、竹槍を作り用意すべき旨申し渡しあり。
6年2月24日	萩の尾より57人、大山御手長講に立つ。
6年6月11日	当月、異国黒船相州浦賀に入り、海手所々の固めあり、然れども江戸に船入ること能(あた)わず、諸色高値になる。在々織物の類を買う者少なく、値段安く織る者難渋す。
7年2月29日	アメリカ船正月来たり、未だ帰らず。
安政2年(1855) 10月2日	夜四ツ時大地震、倉庫破裂す。明け方まで7、8度に及ぶ。江戸所々焼け、吉原近辺別して大地震・火事、存命の者10にして2、3に過ぎず、江戸中にて20万余の死人と沙汰あり。
7年3月3日	御大老井伊侯御登城の時、桜田外にて狼藉者16、7人不意に起こり、刃傷に及び惣方即死あり、又手追い20人余の風聞。
文久2年(1862) 8月18日	水戸屋万次郎父又吉、コロリにて死す。
2年8月21日	水戸屋又吉妻病死、水戸屋家内5日のうち3人病死。
3年11月15日	夜に入り江戸御城焼失。
明治元年(1868) 9月26日	百観音境内の芝居、夜5ツ時御支配官軍より御手入れ。花場に居合わせし者4人召し捕らる。此の時混雑夥(おびただ)しく見物の者散乱し、其の中にオナミ、南に逃げ出し、石地蔵の前にて切り殺さる。何者の切りしや知れず、当12才なり。

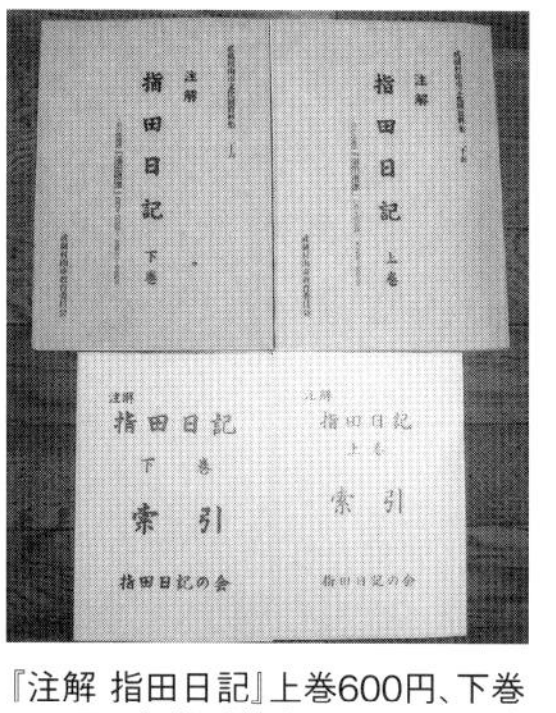

『注解 指田日記』上巻600円、下巻750円。市役所情報コーナーと武蔵村山市郷土資料館で販売。

指田摂津正藤詮の墓。

指田家にある金比羅宮。指田摂津正藤詮はここと原山の神明社の神官でした。

指田家の門の前で。左から「指田日記を読む会」講師の内野昭さん、現在の指田家当主の指田和明さん（指田医院院長）、「指田日記を読む会」世話人の名取瑞穂さん。

■指田日記を読む会　問い合わせ:042-565-3251（名取）

武蔵村山をご案内いただいた
市民リポーター取材後記

「『多摩ら・び』を通して武蔵村山を紹介してみませんか？」の呼びかけに集まってくださった市民リポーターのみなさん。取材活動やページ作りに奮闘したみなさんの取材後記です。

① ひとことお願いします。
② 普段のあなたはどんな人？

■ むらやま歳時記(6～8頁)

①中学の恩師、成迫政則先生(郷土史研究家)より依頼を受け、大好きな郷土芸能のことならと喜んで書かせて頂きました。これを機会に沢山のご長老よりお話を聞き、どう人々と関わって来たか探りたいと思いです。
②市内の老人ホームの介護師として6年目　向田久子(58歳)

■ 村山団地・学園・大南地域(10～15頁)

①狭山丘陵は、多摩丘陵とともに東京に残るたった２つの丘陵のひとつ。市街地からわずか20分たらずで森の中へ行けるわが町の住環境は実は大変貴重です。灯台もと暗し。もっとこのすばらしさを活かしたいものです。
②仕事も余暇も「あそび」を活かす遊び人です　河原塚達樹(55歳)
※「むらやま歳時記」「本村西」の記事も担当

①職場を退職してから10年も経っていましたので、思考力は鈍り文章もきちんとしたものが書けなくてご迷惑ではなかったのかと思っています。でも久しぶりにわくわくして良い体験をさせていただきました。ありがとうございました。
②木曜にコーラスを、火・金曜に体操で身体を動かして楽しんでいます　酒井高子(72歳)
※「愛すべき小麦粉伝統食」の記事も担当

①顔馴染みのお店の取材でしたが、客のときとは別の側面も発見！　楽しい経験ができありがとう！　昔、私は取材を受ける側で、梶原しげるさんや岸本葉子さん、雑誌や新聞記者さん達が来訪。南伸坊さんからは似顔絵を、と一瞬昔を思い出して若返った気分に。
②うさぎ年生まれの私！　年を重ねても元気に跳ねたい気持ち　名取瑞穂(72歳)
※「本村 東」の記事も担当

■ 伊奈平・三ツ藤地域(16～17頁)

①武蔵村山に住んで20年、駅のない町ということ以外は何も知らなかったけど，自然の中で子育てができて良かったって今思います。気がつけば、大型犬2匹、猫5匹、蛇にイグアナ、カメに小鳥にニワトリと大家族になってしまいましたが、村山の自然があったからこそできた生活だと思います。
②大学生と高校生の女の子をもつ主婦ですが、料理が嫌いなため、美味しい店を見つけては食べ歩いてます　荒木のり子

①今回の『多摩ら・び』に関わらせて頂いて、☆武蔵村山愛☆を再確認しました。本当に楽しかったです。でも周囲の方々の励ましや家族の協力。そして洗濯ばさみなしにはできない事でした。編集部の皆さま、ありがとうございましたm(_ _)m
②無駄に忙しいと周囲から言われている、乙女でのんびりな主婦です　石川有佐子(年齢不詳)
※「本村東」「愛すべき小麦粉伝統食」「村山の土を育む人々」の記事も担当

①ふだんなにげなく通っていたお店を取材できて、快く取材に応じていただいたことはとてもうれしく思い、また勉強にもなりました。
②思いつくことややりたいことはすぐに実行し、行動します　高橋由子(41歳)

■ 武蔵村山の伝統工芸(18頁)

①東日本大地震の3月11日は、歴史民俗資料館で取材中。リアルタイムで津波の映像が放映され、職員の皆さんと一緒に「逃げて！　走って！」と言いながらテレビ画面に釘付け。『多摩ら・び』と連動する記憶として脳裏に焼き付いた映像となりました。織物協働組合の高山理事長には、大変お世話になりました。ありがとうございました。
②脳細胞の枯渇に抗いつつ、アドビイラストレーターに挑戦中！　瀬川洋子(69歳)
※「むらやま歳時記」「本村西」の記事も担当

■ むさしむらやま歴史散策(19～21頁)

①5月5日に仙元神社の祭礼があり1日に社殿・境内を清掃し手水鉢の水を取り替えてビックリ。水を満水にしたら鉢が傾いていました。即ち先の地震で鉢の片方が傾いたのです。鉢を据えてから約200年経ちます。地震の怖さが改めて分かりました。
②生まれ育った村山が大好き、好奇心旺盛な人間です　内野 昭(81歳)
※「村山団地・学園・大南地域」「指田日記」の記事も担当

①「出会いを大切に！」当地の中学校に赴任し、生徒ととも学び地域を知ることが郷土愛となり、市民となりました。よい人達に出会い、今日の私があります。特集企画の多摩信用金庫、編集部の皆様に、改めてお礼を申し上げます。
②元 小・中教員　成迫政則(82歳)
※「村山団地・学園・大南地域」の記事も担当

■ 本村 東(22～23頁)

①武蔵村山でも昔からの住人の多い私の住んでいる地区でも、すごい力で宅地化が進んでいます。若い人達もどんどん新しい住人となって来ています。嫁に来た私が「よそもの」と言われたのも今は昔。これからの変化が楽しみです。
②今は2人暮らしの主婦。といってもスケッチ、吟行、茶道とあまり家におりません　柳下武子

■ 本村 西(24～25頁)

①生まれ育った武蔵村山が好き！　小さい頃は近所のガキ友達と狭山丘陵で遊び回った。当時の村山が今も残っている。素朴で飾らぬ人情と自然です。そんな村山を『多摩ら・び』で知ってもらえると「うれしい…な」と思います。
②本気で郷土を愛するオジサンです　原田英治(67歳)
※「村山団地・学園・大南地域」の記事も担当

①武蔵村山といえば、「駅がない」「日産の工場があった場所」「畑が多い」というイメージがあると思いますが、他にも沢山あるんです！　私自身、新たな発見がありました。武蔵村山のいいところが伝わると嬉しいです。
②マイペースすぎてB型と間違えられるA型　丸山由花(23歳)
※「村山団地・学園・大南地域」の記事も担当

■ 狭山丘陵 都立野山北・六道山公園(27～29頁)

①都会育ちが狭山丘陵に出会って35年、この年になってこのような企画に関われたのは幸せでした。大変だったけど、書きたいことが書けました。下田九一さんのミカンへの熱き思いのお話には感銘をうけました。
②家にいるより外が好き。庭、狭山丘陵、山登り　古浦玲子(古稀目前)
※「村山の土を育む人々」の記事も担当

①取材先がどこも若い人で皆イケメン・美人さんで、仕事への意欲もしっかりしていて、武蔵村山のこれからも楽しみです。
②いろいろ会に入ってます。「東京歴史散歩の会」「小さな旅」「自然に学ぶ会」「同級生3E会」　吉岡洋子(5月3日で古稀)
※「村山の土を育む人々」の記事も担当

■ 軽便鉄道廃線跡紀行(30～31頁)

①工事を終えた機関車は小河内ダム工事へ。祖父2人が東京市、義父が東京都の水道局職員で2つのダム工事に携わったのも何かの縁か。
②エンジンが温まるまで時間がかかるタイプです　砂田 宏

■ 愛すべき小麦粉伝統食(50～53頁)

①終の住処と決めた場所。そこが気持ちよく生きていければと思い日々動いているのですが、里山があり緑が豊かであることの幸せを感じます。かてうどんを取材して、若い方がいるということがうれしかったです。これからは若い人に頑張ってほしいです。
②村山かてうどん店、絵手紙講師、里山ボランティア　小川榮子(69歳)
※「村山団地・学園・大南地域」「狭山丘陵 都立野山北・六道山公園」の記事も担当

徒手《としゅ》療法とアスレチック療法の組み合わせで

リハビリの継続、腰痛・肩こり・頭痛の解消と予防を

北原ライフサポートクリニック を訪ねて

取材・文／斉藤円華
写真提供／北原ライフサポートクリニック

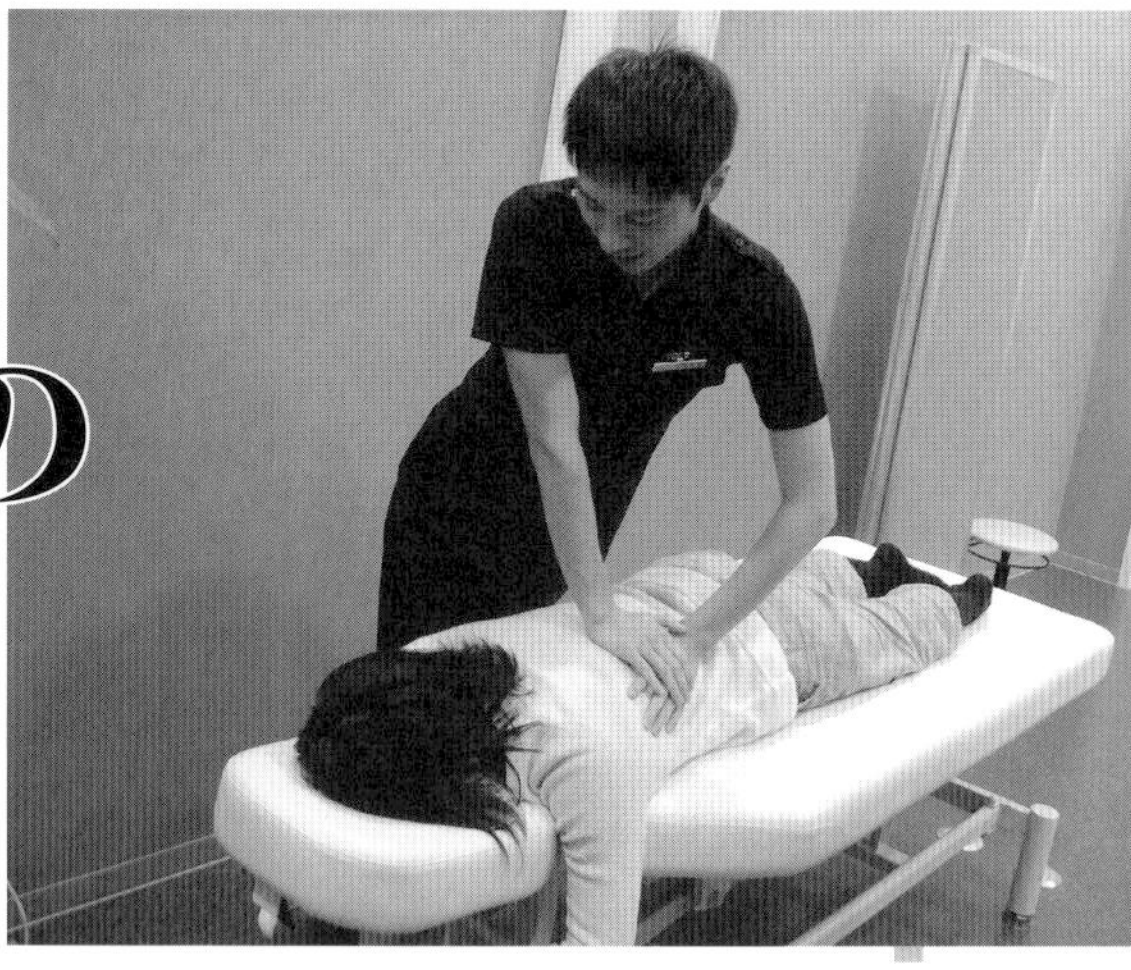

ふつうリハビリテーションと聞くと、脳卒中や大きなケガなどからの回復訓練を思い浮かべます。ところが最近、肩こりや腰痛を治し、しかもスポーツマンの運動機能アップや、果てはダイエットのお手伝いまでも引き受けるという「よろず相談所」のようなリハビリテーションセンターがJR八王子駅南口のすぐそばに登場したというではありませんか。これは話を聞くしかない！

再開発で真新しい装いとなったJR八王子駅南口。コンコースとつながる高層ビル「サザンスカイタワー八王子」の1階、北原ライフサポートクリニックにリハビリの相談所、正しくは「PCU（フィジカルケアユニット）」があります。マネージャーで理学療法士の倉田考徳《たかのり》さんにお話をうかがいました。

症状改善とセルフケアをお手伝い

——PCUというのは

聞き慣れない言葉なので、とまどう人が多いかもしれません（笑）。フィジカルケアユニットでは徒手療法とアスレチック療法を組み合わせた、これまでのリハビリテーションの枠に収まらない健康サービスを提供しています。具体的には、機能回復のトレーニングや治療装置を使った物理療法に加えて、自宅でできるトレーニングやマッサージなどもアドバイスします。

——受診されるのはどんな方ですか

やはり多いのは、自由診療のリハビリで利用される方ですね。以前は保険診療でリハビリを利用できたのですが、現在は医療制度の改定で、保険適用日数の上限が１８０日までに制限されています。ですので、脳卒中などリハビリを必要とする病気やケガをされた方が、保険適用日数を超えた後に自費診療でリハビリをする場所として利用されています。

これに加えて、長年悩まされている肩こりや腰痛などを改善するために利用する人も増えています。例えば肩こりは、長時間のデスクワークなどで首にムリな負担がかかり続けると症状がひどくなります。そこで、一人ひとり詳しく症状をお聞きしながら治療を行い、症状が改善したら自分でできる筋肉のほぐし方、トレーニングの仕方などをアドバイスして、患者様ご自身で良い状態をキープできるようにお手伝いをします。

他にもダイエットのサポートや、ワンランク上を目指すスポーツ選手の身体能力の向上などのお手伝いもできます。

——症状が改善した後もサポートするのですか

はい、そこが従来のリハビリと大きく異なる点だと思います。治療して症状が良くなったら、誰しも「二度と病気をしたくない、悪くなりたくはない」と思うはずです。PCUでは、通院が終わっても自分で健康な状態を長くキープできることを目指します。

いい状態をキープして病気を防ぐ

——つまりセルフケアが大事ということですね

まさしくその通りで、治療と予防の両方のサービスを提供できることがPCUの大きな特徴です。例えば生活習慣病の多くは、発症する前に

倉田考徳さん
北原ライフサポートクリニックPCU（フィジカルケアユニット）マネージャー・理学療法士

は「未病」の状態にあるわけですが、PCUを利用することでいい状態をキープして、病気のリスクを減らすことができます。何よりもPCUが大事に考えているのは「予防」という視点です。

例えば米国の場合、医療費が非常に高額のため、どうすれば病院にかからずに済むか、病気にならずに済むかということに社会の関心が非常に高い。一方、日本には立派な医療保険制度がある反面、「病気になったらお医者さんに診てもらえばいい」というように、やや安易に考えられている部分もあります。

ですが、普段から良い状態を維持できれば、病院に通う必要はありませんし、治療費もかかりません。例えば3～4カ月に一度、PCUに通って身体の状態を知ることで、健康を保つために何に気を付ければよいかが分かります。1回の施術の基本料金は5千円ですが、慢性病の治療で何度も病院に通い続けるよりは安上がりな場合もありますし、何より健康を維持できるメリットはかけがえのないものだと思います。

なるほど、PCUは病気を治すだけでなく、自分のカラダをよく知り、普段から良い状態を保つお手伝いをしてくれるわけですね。健康管理はついついおろそかにしがちですが、倉田さんのように親身にサポートしてくれる人が身近にいるのは、実に心強い限りです。

医療法人社団 KNI 北原国際病院
脳神経外科・神経内科・循環器内科・リハビリテーション科
八王子市大和田町 1-7-23
042-645-1110

北原ライフサポートクリニック
脳神経外科・内科・小児科
八王子市子安町4-7-1 サザンスカイタワー八王子1F
042-655-6665

「多摩ら・び」読者の方がご利用いただける健康サービスはこちら！

どなたでもご利用いただけます！（無料）

★ちょっと気軽に相談したい

看護師による、健康に関するご相談をお受けしています。

たましんすまいるセンター内
「たましん健康ステーション」へお越しください。
日時についてはお問い合わせください。

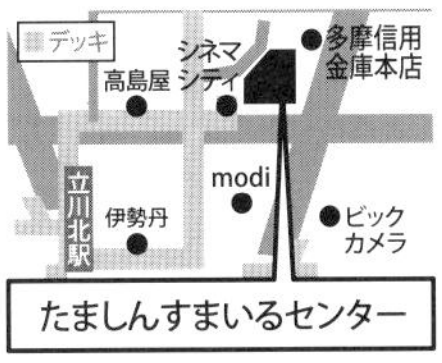

営業時間：9:30 ～ 16:30
定 休 日：土・日・祝日、12/31 ～ 1/3
問 合 せ：0120-778-289
〒190-0012 立川市曙町2-8-18
東京建物ファーレ立川ビル1F

多摩らいふ倶楽部会員の方がご利用いただけます！

★人間ドックを受診しやすく

下記の病院と提携をしておりますので、会員価格で受診することができます。詳しくは多摩らいふ倶楽部事務局までお問い合わせください。

<人間ドック>

東海大学医学部付属八王子病院（八王子市）＊オプションにて脳ドックあり／杏林大学医学部付属病院人間ドック（三鷹市）／医療法人財団立川中央病院附属健康クリニック（立川市）＊オプションにて脳ドックあり／医療法人社団拓明会 エム・クリニック（小平市）／聖ヶ丘病院（多摩市）／むさし野クリニック（武蔵野市）／野村病院予防医学センター（三鷹市）／森久保クリニック健康管理センター（日野市）／多摩メディカルクリニック（国分寺市）／立川北口健診館（立川市）／医療法人社団野村病院（昭島市）／医療法人社団大日会小金井太陽病院（小金井市）／保谷厚生病院（西東京市）／医療法人徳洲会東京西徳洲会病院（昭島市）／医療法人財団川野病院（立川市）／公益財団法人結核予防会新山手病院（東村山市）／医療法人社団慈敬会府中医王病院（府中市）／医療法人財団西武中央病院（東村山市）

<脳ドック>

北原国際病院休日簡易ドック（八王子市）／北原RDクリニック（八王子市）／医療法人社団拓明会　エム・クリニック（小平市）／国立病院機構災害医療センター（立川市）

<心臓ドック>

医療法人社団積心会澤渡循環器クリニック（八王子市）

★休日や、夜間にも電話で相談できたらいいな

無料健康電話相談サービス

24時間、365日、いつでも電話で健康に関する相談をすることができます。
直接下記へ電話で相談してください。
TEL　03-5251-9887（野口医学研究所）
＊お電話の際「多摩らいふ倶楽部の会員です」とお伝えください。
多摩らいふ倶楽部へのご入会は57頁をご覧ください。

平成23年6月1日現在

多摩らいふ倶楽部 イベントのお知らせ

今日からあなたも自分で治せる。肩こり体操1.2.3!!

～長年悩まされてきた肩こりの解消に～

日時　2011年7月26日（火）
会場　たましんWinセンター（JR立川駅北口徒歩4分）

＊詳しくは60頁をご覧ください。

多摩地域の おしらせ

このページでは、多摩地域での暮らしをより豊かに楽しむための、
読者のみなさんからの情報を募集しています。

■ **サークル紹介や仲間募集**
趣味やボランティアの活動紹介やお誘い（300字程度）に、活動日・場所・会費・連絡先を明記のうえ、写真などを添えてお送りください。

■ **小さな展示会やコンサートなどの催しのお知らせ**
催し名・目的・主な内容・日時・会場・交通・参加費など（200字以内）をお送りください。締切は発行日（偶数月の15日）の3カ月前。

＊ いずれも営業目的はご遠慮ください。原則として匿名は受け付けません。

●送り先
〒190-0023
立川市柴崎町3-9-6 高野ビル
けやき出版 『多摩ら・び』おしらせ係
FAX 042-524-7736　lavie@keyaki-s.co.jp

■投稿等の個人情報について
『多摩ら・び』宛の投稿、応募など（以下、投稿と表す）で得た個人情報は、いただいた投稿に関する弊社からの問合せ、賞品発送などの本来の必要目的以外に、無断で利用したり、第三者に提供することはいたしません。

講座

● 小金井の四季が堪能できる

発見と学びの宝庫、緑の楽園
学芸の森を散策して学ぶ緑と生け花　Ver.2―秋―

9月13日(火)　10月11日(火)　11月8日(火)

鷲山前学長（写真右側）

かねてから環境教育に力を入れてきた、東京学芸大学。学芸の森を教材にして、地域の市民と定期的に学習し、自然と親しんでいく講座です。学芸大キャンパス内を散策し、自然とのふれあいを楽しむことを目的とします。10万坪の広大な敷地には、秋はけやき並木・銀杏並木・鈴なりのどんぐりなどが楽しめます。自然を満喫した後は、実際に生け花をして、自分の思いを表現してみましょう。

受講対象者　市民一般・大学生
講 習 料　6,000円
開催会場　受講決定通知送付時にお知らせします
講　　師　鷲山恭彦（東京学芸大前学長）
　　　　　蜂谷文子（日本いけばな芸術協会正会員）
　　　　　前田稔（東京学芸大講師）
募集期間　4月1日～8月24日
募集人数　25名

問い合わせ
042-329-7119（東京学芸大学　総務部広報連携課地域連携係）

落語

● 落語会の本格派

三遊亭鳳楽　独演会

6月25日(土)

滑稽噺から人情噺まで、何を演じても定評のある古典落語の本格派・三遊亭鳳楽。五代目三遊亭円楽の総領弟子である鳳楽の独演会が催されます。約300題にもなる持ちネタの多さもさることながら、演じるネタすべての完成度が高い鳳楽の芸。笑いあり、涙ありの義理人情の世界へ誘ってくれる粋な時間が楽しめます。

時　　間　受付12時30分～
　　　　　独演会13時～
　　　　　懇親会15時30分～
独演会会場　青梅市沢井　小澤酒造酒蔵内
　　　　　（JR青梅線沢井駅5分）
懇親会会場　青梅市沢井　ままごと屋
木 戸 銭　会員2,500円（1人）
　　　　　一般3,000円（1人）
懇親会会費　4,000円（1人）

三遊亭鳳楽プロフィール

昭和22年3月生まれ	
昭和40年10月	五代目三遊亭円楽入門 師匠である六代目三遊亭円生から楽松と名をもらう
昭和47年11月	楽松で二ツ目昇進
昭和54年9月	真打昇進、楽松改め、初代三遊亭鳳楽襲名
昭和52年	第6回NHK新人落語コンクール最優秀賞受賞
昭和53年	日刊飛切り落語会若手落語家奨励賞受賞
平成5年	文化庁技術祭賞受賞

問い合わせ
0428-78-9523（青鳳会事務局）

BOOK

● 保存食で丁寧な暮らしを

『捨てない贅沢 東京の里山発 暮らしレシピ』

本誌61号「特集 あきる野」で市民リポーターを務めた東 奏子さん。あきる野の築50年超の日本家屋でご主人、2人のお子さん、ウコッケイと暮らしながら実践した手作り生活のレシピを綴った本が発売中です。四季折々の野菜や果実を、皮や種・へたなど普段は捨ててしまう部分をお茶や佃煮、生活雑貨に変身させてしまう作り方が満載。「もったいない」の気持ちを大切にし、自然と共存しながら生活していく本当の意味での贅沢な暮らし方を提案した1冊です。

＊購入希望の方は編集部まで
（042-525-9909）

アズマカナコ・著
けやき出版
1,365円（税込）

映画

● 開放感のある野外映画

パルテノン多摩 夏休み野外映画会2011

7月21日(木) ～23日(土)

パルテノン多摩では、隣接する多摩中央公園の特設会場にて野外映画会を開催します。夏の恒例企画となったこの野外映画会には、家族連れなどが敷物やお弁当を持って集まります。約2,000人の観衆と一緒に映画を観る一体感と、夏の夜風を感じながらの爽快感ある時間を是非お過ごしください。

時　　間　19時上映開始
＊雨天の際はパルテノン多摩大ホールで実施
会　　場　多摩中央公園きらめきの池 特設スクリーン（京王線・小田急線・多摩モノレール多摩センター駅5分）
＊敷物持参
料　　金　入場無料
上映作品　「ドラえもん のび太の人魚大海戦」(21日)
「おまえうまそうだな」(22日)

問い合わせ　042-375-1414（パルテノン多摩）

原画展

● 三者三様の子どもの世界

絵本原画展 こどもの時間《とき》

7月8日(金) ～9月4日(日)

第一線で活躍している絵本作家、相野谷由起・はまのゆか・酒井駒子の3人による原画展。子どもを描いた作品でそれぞれ高い人気があります。異なる個性で描かれた「こども」たちの世界を紹介します。

①　②　③

①相野谷由起　『うさぎのさとうくん』より「ほしのよる」©Yuki Ainoya 2006
②はまのゆか　「Thank you!!」©はまのゆか
③酒井駒子　『ロンパーちゃんとふうせん』表紙 ©Komako Sakai 2003

開館時間　10時～ 19時（入館は6時30分まで）
＊節電のため開館時間が変更になることがあります
休 館 日　月曜日
会　　場　八王子市夢美術館
（JR八王子駅北口15分）
観 覧 料　一般500円、
学生・65歳以上250円

問い合わせ　042-621-6777
（八王子市夢美術館）

イベント

● 狭山丘陵の自然を満喫

さやまキッズプログラム

パークレンジャーと一緒に夏の狭山公園を探険しましょう。（子ども向けのガイドウォークです。5歳～小学生対象。小学2年生以下は保護者同伴）

都立狭山公園

日　　時　7月17日(日) 13時30分～ 14時30分
参 加 費　無料（当日受付）
申 込 み　当日、狭山公園パークセンター前へお越しください。
問い合わせ　042-393-0154
（都立狭山公園パークセンター）

ガイドウォーク

狭山丘陵の都立公園内を利用指導・案内するパークレンジャーが里山や雑木林など、その季節ごとの自然の見どころを紹介しながら歩きます。事前申込み不要ですので、お気軽にご参加下さい。

都立野山北・六道山公園

毎月第2・4日曜の13時30分～ 14時30分に定期開催しています。
日　時　7月10日（日）、24日（日）、
8月14日（日）、28日（日）
参加費　無料（当日受付）
申込み　当日、里山民家前へお越しください。
問い合わせ　042-531-2325（都立野山北・六道山公園インフォメーションセンター）

都立狭山公園

毎月第1日曜の13時30分～ 14時30分に定期開催しています。
日　　時　7月3日（日）、8月7日（日）
参 加 費　無料（当日受付）
申 込 み　当日、狭山公園パークセンター前へお越しください。
問い合わせ　042-393-0154（都立狭山公園パークセンター）

＊10名以上のグループでご参加の場合は事前にご連絡ください。

6月初旬～8月下旬

多摩の祭りカレンダー

髙幡不動尊あじさいまつり
開催中～7/7(木)

境内から裏山にかけて、200種類以上のあじさいが咲き誇る。自生の山あじさいのほか、様々なあじさいが全国から集まる。俳句・短歌大会、写真コンクールも行われる。

髙幡不動尊／京王線髙幡不動駅3分・多摩モノレール髙幡不動駅5分／042-591-0032（髙幡不動尊）

写真提供／髙幡不動尊

写真提供／清瀬高校

清瀬高校 あじさいウィーク
開催中～6/19(日)

都立清瀬高校の校庭にある赤松林の中に、1000株ほどのあじさいが咲き誇る。同校の前身である「結核診療所」で初代校長があじさいを植えたことからはじまったそう。コアジサイ・ウズアジサイなど、30種類以上のあじさいが楽しめる。

都立清瀬高校中庭／西武池袋線清瀬駅7分／042-492-3500（清瀬高校）

写真提供／ふるさと多摩夏まつり実行委員会

せいせき朝顔市
（第29回ふるさと多摩夏まつり）
7/2(土)～3(日)

地元の農家が育てた1000株以上の朝顔が並ぶ「朝顔市」のほか、地場野菜の販売や京王SCほかによる飲食・出店コーナーもあり、多くの人で賑わう。

聖蹟桜ヶ丘駅西口周辺／京王線聖蹟桜ヶ丘駅／042-338-6830（多摩市経済観光課内ふるさと多摩夏まつり実行委員会）

写真提供／府中市環境政策課

第51回　蓮を観る会
7/1(金)～3(日)

故・大賀一郎博士ゆかりの「大賀蓮」をはじめ、30種類の蓮が咲く。郷土の森公園修景池で、鑑賞会や講演などが行われる。

府中市郷土の森公園修景池／JR南武線・京王線分倍河原駅より郷土の森総合体育館行きバスで「郷土の森総合体育館」下車3分、または「郷土の森正門前」下車2分／042-335-4315（府中市環境政策課）

諏訪神社例大祭　8/26(金)～28(日)

今年で鎮座1200年を迎える諏訪神社の例大祭。28日には長野県・諏訪市からラッパ隊などが参加し祭礼を盛り上げる。▶諏訪神社／JR立川駅南口10分／042-522-5806（諏訪神社）

大國魂神社すもも祭り　7/20(水)

五穀豊穣・悪疫防除・厄除の信仰をもつ「からす団扇」「からす扇子」が6時から21時まで頒布される。9時から21時の間は、約120軒の露店商が軒を連ねる。▶大國魂神社／京王線府中駅・JR府中本町駅5分／042-362-2130（大國魂神社）

＊予定が変更されることもありますので確認してからお出かけください。
駅やバス停からの所要時間は徒歩の目安です。

写真提供／小平市産業振興課

小平灯りまつり　8/6(土)

西武線小平駅から花小金井の間、グリーンロード沿い近辺の公園や広場で行われる、小平市内に昔から伝わる祭り灯ろうを新たな形で再現したイベント。約5000人の市民による手作り灯ろうが、幻想的に夏の夜を彩る。

小平グリーンロード（狭山・境緑道）沿いの公園や広場（西武新宿線小平駅から花小金井駅）および小平中央公園（西武国分寺線鷹の台駅）ほか／042-346-9581（小平市産業振興課）

第25回 おらほせんがわ夏まつり　8/1(月)～3(水)

写真提供／仙川商店街協同組合

1日は震災復興支援フリーマーケット、2日と3日はメイン会場で盆踊りやパフォーマンスショーなど日替わりで楽しめるプログラム。『ハーモニータウンせんがわ』のキャラクター「ハーモニー君」にも会える、仙川で最大のイベント。

ハーモニーパーキング（仙川商店街駐車場）／京王線仙川駅2分／03-3307-6379（仙川商店街事務局）

2010年度「立川市議会議長賞」受賞者・内田雅啓さんの写真

羽衣ねぶた祭　8/19(金)～21(日)

青森県黒石市で行われた人形ねぶたが運ばれ巡行する、立川・羽衣町の夏の風物詩。今年で13回目を迎え、立川名物の「ねぶたラーメン」「羽衣ねぶた」「アップルどら焼き」などの商品も商店街に並ぶ。

東立川商店街通り／JR南武線西国立駅5分／042-528-3375（羽衣ねぶた事務局）

第51回府中市商工まつり　8/5(金)～7(日)

今年は節電のため、10時～18時の開催。イベント内容も前年までと若干異なるが、ミス府中コンテストやミニSLなどは例年通り行われる。

大國魂神社／京王線府中駅5分／042-362-6421（むさし府中商工会議所）

写真提供／むさし府中商工会議所

ホタルの夕べ　開催中～6/26(日)

「夕やけ小やけふれあいの里」園内の小川と北浅川の清流で育ったゲンジホタルが、幻想的に飛び交う。キャンプや宿泊施設もあるので、一日中楽しめる。

夕やけ小やけふれあいの里／京王線高尾駅・JR中央線高尾駅北口より陣馬高原下行きバスで「夕焼小焼」下車／042-652-3072（夕やけ小やけふれあいの里）

穴澤天神社大祭　8/21(日)

国の重要無形民俗文化財である江戸の里神楽や、獅子舞が奉納される。獅子舞は稲城市指定文化財になっており、三頭の獅子と天狗が神社入口の石段を舞いながら登っていく姿は勇壮のひと言。夕方からの御輿の宮入りも、見どころのひとつ。

穴澤天神社／京王相模原線・京王よみうりランド駅5分／042-377-0055（穴澤天神社社務所）

信松院　ほおずき市　7/9(土)・10(日)

昔、暑さのため倒れていた人が通りかかったお坊さんにほおずきの実を与えられ、口にしたところ元気になった、という言い伝えによる。ほおずきのほか、朝顔や風鈴も販売される。▶信松院／JR中央線西八王子駅12分／042-622-6978（信松院）

くにたち朝顔市　7/2(土)・3(日)

地元の「朝顔の里」で育てられた色鮮やかな朝顔が、一鉢1500円で販売される。江戸風鈴や地元農家の野菜も販売予定。▶一橋大学正門南側（大学通り緑地帯）／JR中央線国立駅南口5分／042-575-1000（国立市商工会内朝顔市実行委員会）

読者ワールド　ひとこと

節約・節電について思うこと

3月11日に発生した東日本大震災は、甚大な被害だけでなく、品不足や電力不足などももたらしました。そんな中で「わたしたちにできること」を考えた方も多いかと思います。一番身近なことといえば、節約・節電。今回は、震災以降に編集部に寄せられた皆さんの思いやアイデアをご紹介します。

昔の生活に学ぶ節電術

子育て中の主婦で、家にいる時間が多いので、普段から節電や節約を意識して生活しています。

たとえば、1日のうちで生活する場所を、日の当たる時間に合わせて変えて、午前中は2階の部屋、昼すぎには1階の縁側と、明るい場所へ移動して過ごしています。これで日中はほとんど照明いらずです。このとき、我が家ではちゃぶ台が大活躍。持ち運べるので、その時々で、場所を選ばず、食事や読書、作業などができて重宝しています。

また、4歳、1歳の子どもたちは、暗くなったら寝て、明るくなったら起きるという早寝早起きの習慣をずっと続けています。夜は毎日、日が落ちて暗くなる18～19時ごろには寝かせてしまいます。

昔は、照明や空調などで周りの環境を変えるのではなく、皆、季節や環境に合わせた暮らしをしていた、と知り合いのおばあちゃんから聞き、昔の暮らし方を意識するようになりました。これからの時代、昔の暮らしから学ぶことがたくさんあると感じています。

（あきる野市　のんちゃんママ）

暮らしに合わせて無理をせず

東日本大震災を機に、この夏の電気の使用量が大きな問題になっています。どうすれば節電できるか等の情報がテレビをはじめとして毎日流されていますが、「電気をコマメに消す」とか「テレビを見ていない時の電源を切る」などは当然のことですが、節電は無理をすると長続きしないので、各人、各家庭がそれぞれの実情に合わせて行うのが良いのではないでしょうか。

現在、日本の食糧自給率は40％を割っています、3食のうち1食しか自給できていないことになります。最近は少し見直されてはきましたが、一時は「曲がったキュウリ」とか漁で取れた小魚等が廃棄されていました、今後はもっと有効活用ができたらと思います。

（東久留米市　バンビーノ）

〝ある〟ものを活用する工夫

震災直後から始まった品不足。赤ちゃんを背負った若いお母さんが、スーパーでペットボトルの水を手に入れることができずに泣き崩れる姿を目にした時には、本当に胸が痛みました。こんな時、今の自分に本当に必要かどうかを見極めて、譲り合える心を持っていたいものですよね。

品物がない、手に入らないなら、あるものでどうにかするしかありません。料理を作っていて食材が足りなかったら、試しに別のものを入れてみるとか（たまに失敗することもあるけど…）。意外な発見があって楽しいですよ。〝ない〟ことを嘆くより、〝ある〟ものを大事にして、それを存分に活用していきたいです。

（国分寺市　主婦3年生）

読者アンケート〈66号昭島特集〉

★自分の住まいの近くのことを知ることができて、うれしかったです。関東に引っ越してきて2年目、通勤ルートにこんなお店があったなんて！　と、発見が多くありました。まちのおしゃれスポット、きれいになれるサロン特集、このまちからスタートする日帰り旅行など、自分のエリアのいいところを再発見できる企画やイベントを期待しています。（昭島市　27歳）

★昭島駅には何回か降りていますが、南口の方だけなので、これからは北口方面の散歩をして、新しい発見をしたいです。もう少し暖かくなったら…。（相模原市　73歳）

★春が待ち遠しいこの季節。もう少ししたったら、昭島と福生の多摩川堤を訪ねて、多摩の春を楽しんでこようと思います。（大田区　48歳）

★何年間も昭島市内の職場に通勤していたのに、深く追求することなく通り過ぎていたことを痛感しました。（あきる野市　74歳）

★昔住んでいた場所のすぐそばの「肉の三橋」さん、懐かしかったです。生肉の紹介だけでしたが、カツもまた格別ですよ。（立川市　68歳）

★いつまでも「水のきれいなまち」と言われる昭島でいてほしいです。昭島駅にできた観光案内所も楽しみです。（昭島市　36歳）

★市民リポーターの方々の、昭島を愛する気持ちが伝わってくる1冊に仕上がっていると思いました（昭島市　54歳）

★「奥多摩街道・多摩川界隈」の記事を見て、戦後まもなくの八高線列車衝突事故を知りました。早速昭島の友人に聞いたところ、学校で習ったとのこと。府中に住んで30年ですが、この大惨事のことは知りませんでした。これからも多摩の出来事をもっとたくさん教えてください。（府中市　59歳）

★「近代的ニュータウンの先駆 八清住宅」を一気に読ませていただきました。若かりし頃、中神に住んでいたのですが、昭島東映映画館は早めの夕食の後、父に連れられて妹を背負って、映画をよく観に行きました。薄暗い館内、映写機の音、ほこりの匂い…思い出がいっぱいです。思い出を語り合える親や兄弟も今はありませんが、小学校、女学校と席を共にした友が、今も元気です。近々、『多摩ら・び』を頼りに探索してみたく、今からワクワクしています。楽しみな春になりそう。（東大和市　77歳）

所沢市／平山英徹

ひとこと投稿募集

〈募集テーマ〉

- 「多摩で出会った素敵な人・モノ」
  多摩地域で出会った魅力溢れる人やモノを教えてください。
- 「簡単！ 安い！ お助けレシピ」
  誰かに教えたくなる簡単料理、手軽でおいしいオリジナルレシピをぜひご投稿ください。
- 「現役時代の思い出アレコレ」
  定年を迎え、第2の人生を歩んでいる方、現役バリバリで働いていた時代の様々な思い出を教えてください。
- その他、日々の暮らしの中で感じる疑問、驚き、感動、不満、提案などを、200字程度の短文にしてご投稿ください。ハガキでも、メールでも、ファクスでも結構です。絵手紙やイラストなどもぜひお寄せください（ペンネーム可）。

＜あて先＞
〒190-0023　立川市柴崎町3-9-6
高野ビルけやき出版
『多摩ら・び』　読者ワールド係
FAX 042-524-7736
Eメール：lavie@keyaki-s.co.jp

＜お詫びと訂正＞
67号国立特集31頁「ハーバーライト」文章中の記述に誤りがありました。
（誤）世界40ヶ所の国以上を～
→　（正）世界40ヶ所以上の国を～
お詫びして訂正いたします。

多摩 交流センターだより

市民による手づくりの活動
（多摩交流センターの市民活動事業紹介）
をご紹介します

多摩交流センターは、「TAMAらいふ21」の成果を発展させるため、広域的市民ネットワーク活動の支援、多摩地域の市民の交流の場の提供等を目的として活動しています。

（財）東京市町村自治調査会多摩交流センター
府中市寿町1-5-1 府中駅北第2庁舎6Ｆ　042-335-0100　　http://www.tama-100.or.jp/tama/　Email:tama001@tama-100.or.jp

手に汗握る熱戦を体感！

第19回 多摩百人一首かるた大会

7月18日（月・祝）9時30分参加受付締切
多摩市立武道館（京王相模原線若葉台駅・永山駅徒歩20分）

参加費　D級（無段）1,800円、E級（初心者）1,200円
（A～C級は登録者のみ）　※見学は無料

明治時代から続く伝統競技「競技かるた」は、年齢・性別を問わず世代を超えて楽しめる競技です。多摩地域のみならず全国から選手が集うこの競技かるた大会は、名人戦やクイーン戦の経験者をはじめ、日本国内だけでなく海外からも多くの選手が集まり、熱戦を繰り広げます。参加はもちろんですが、そのスリリングで熱い戦いの様子をぜひご観覧あれ。

主催／多摩百人一首かるた大会実行委員会
問い合わせ／042-377-4375（川野）
tamakaruta@karuta.club.ne.jp

多摩地域発、本格的オペラ公演

ヴェルディ・シリーズVol.2

オペラガラ＆ヴェルディ・レクイエム（抜粋）

7月3日（日）13時30分開場、14時開演
町田市民ホール
（小田急線町田駅徒歩7分、JR横浜線町田駅徒歩10分）

入場料　全席指定3,500円
（学生席2,000円）

音楽監督・指揮：鹿又 透
司会：朝岡 聡

オペラの研究と演奏活動を行う目的で発足、多摩地域を中心に演奏活動を行う「町田シティオペラ協会」。昨年よりスタートした、作曲家ヴェルディの作品の研究・紹介に取り組むシリーズの第２回は、世界でも上演回数の多い「椿姫」と「運命の力」より名場面を抜粋、また「レクイエム」より抜粋します。司会は「コンサートのソムリエ」朝岡聡さん。市民の合唱愛好家で結成され、じっくり練習を積んできた合唱団「CANORA」の重厚なハーモニーも聴きどころです。

主催／町田シティオペラ協会
問い合わせ／042-729-4331（竹尾）　takeo@kxa.biglobe.ne.jp
http://www.machida.or.jp/opera/（新規会員募集中）

アニメソングで♪♪ ミュージカル！♪♬

平成22年3月公演「メアリー・ポピンズ」より

8月12日（金）14時（第1回）・18時（第2回）開演
8月13日（土）13時（第1回）・18時（第2回）開演
府中グリーンプラザ けやきホール
（京王線府中駅北口徒歩1分）

入場料　2,500円（全席自由）

第14回 TCTミュージカル ♪♬

「がんばろう日本！アニメソング大全集」

平成８年（1996）の設立以来、オリジナルミュージカルの舞台公演を行っているTCT（東京コーラスシアター）。公演ごとに新しいチームで舞台を作り、その後はプロの道へ進む方も多いとか。海外公演も行い、「東京発の若々しい元気なステージ」と高評価を得ているそうです。

今回の公演は、「巨人の星」などのスポ魂系や「宇宙戦艦ヤマト」「ベルサイユのバラ」など昭和から平成初頭までのアニメソングを題材にした、夢あふれるファミリー向けミュージカルです。家族みんなでぜひ楽しみましょう。

主催／VIVA!TAMA実行委員会　問い合わせ／090-9643-6030（TCT事務局）

◎最寄りの書店にてお申込みください。
◎小社に直接お申込みの場合は、送料お客様ご負担（1冊100円、2〜3冊200円、4冊以上無料）でお送りいたします。下記までお問合せください。
■ けやき出版 販売部
TEL 042-525-9909 FAX 042-524-7736 http://www.keyaki-s.co.jp
1〜7、33号〜 定価500円（税込） 8〜32号 定価600円（税込）

多摩ら・び

バックナンバーのご案内

No.64 2010年10月
特集 三鷹

No.60 2010年2月
特集 多摩市

No.65 2010年12月
特集 青梅

No.61 2010年4月
特集 あきる野

No.66 2011年2月
特集 昭島

No.62 2010年6月
特集 東久留米

No.67 2011年4月
特集 国立

No.63 2010年8月
特集 瑞穂

No.40 2006年10月
特集 多摩市

No.41 2006年12月
特集 あきる野・日の出

No.43 2007年4月
特集 西武拝島線沿線

No.44 2007年6月
特集 多摩都市モノレール沿線

No.45 2007年8月
特集 三鷹

No.47 2007年12月
特集 府中

No.48 2008年2月
特集 日野

No.49 2008年4月
特集 西東京

No.50 2008年6月
特集 立川

No.51 2008年8月
特集 羽村

No.52 2008年10月
特集 小金井

No.53 2008年12月
特集 国分寺

No.55 2009年4月
特集 八王子

No.56 2009年6月
特集 調布

No.57 2009年8月
特集 東大和

No.58 2009年10月
特集 福生

No.59 2009年12月
特集 武蔵野

No.22 2002年冬
特集 府中

No.24 2003年夏
特集 立川駅南口・日野

No.25 2003年秋
特集 三鷹・調布

No.26 2003年冬
特集 小平・小金井

No.27 2004年春
特集 五日市線沿線

No.28 2004年夏
特集 西東京・武蔵野

No.29 2004年秋
八王子南、東大和・武蔵村山・瑞穂

No.30 2004年冬
特集 東村山・清瀬・東久留米

No.31 2005年春
特集 立川

No.32 2005年夏
特集 吉祥寺・八王子

No.33 2005年8月
特集 国分寺

No.34 2005年10月
特集 武蔵村山・昭島

No.35 2005年12月
特集 調布

No.36 2006年2月
特集 武蔵野市・立川市・八王子市

No.37 2006年4月
特集 西武線沿線

No.38 2006年6月
特集 奥多摩・青梅

No.39 2006年8月
特集 小金井

創刊号 1997年
改めて夫婦を「創《はじ》める」

No.3 1998年春
多摩に咲く梅よ桜よ

No.4 1998年夏
多摩の湧水散歩

No.5 1998年秋
おすすめ日帰り小旅行

No.6 1998年冬
北からモノレールがやってきた

No.7 1999年春
三鷹駅南口・平山城址公園駅・府中駅から多摩川・一橋学園駅、界隈

No.8 1999年夏
八王子駅北口・東久留米駅・国分寺駅南口・多磨霊園駅、界隈

No.9 1999年秋
武蔵境駅・福生駅・仙川駅、界隈

No.10 1999年冬
箱根ヶ崎駅・東村山駅・井の頭公園駅、界隈

No.11 2000年春
東大和市駅・羽村駅から玉川上水、界隈

No.12 2000年夏
うまい水が飲みたい

No.13 2000年秋
飛田給駅・めじろ台駅、界隈

No.14 2000年冬
御岳山頂・小川駅、界隈

No.15 2001年春
武蔵小金井駅・狛江駅、界隈

No.17 2001年秋
武蔵村山・高幡不動駅、界隈

No.18 2001年冬
特集 京王沿線・聖蹟桜ヶ丘

No.19 2002年春
花小金井駅・青梅駅青梅宿界隈

【品切れ】 2号（1997年冬）多摩の温泉郷を巡る　16号（2001年夏）特集 立川　20号（2002年夏）特集 国分寺・国立　21号（2002年秋）特集 八王子　23号（2003年春）特集 青梅線沿線　42号（2007年2月）特集 国立　46号（2007年10月）特集 小平　54号（2009年2月）特集 東村山

次号予告 多摩ら・び No.69は2011年8月15日発売です

◆編集の都合により内容が変更される場合がありますので、ご了承ください。

特集 狛江 KOMAE

★わがまち紹介

多摩地域最小、全国でも3番目に面積が狭い狛江市。でもコンパクトながらも狛江駅・和泉多摩川駅・喜多見駅（一部）と3駅。だから駅から歩いてどこへでも！ 多摩川と野川に挟まれて水と緑豊かなまちを、元気いっぱいの市民リポーターがご案内します。

★狛江の「ものづくり」

尺八工房、太鼓作り、能面作家……狛江のまちで制作活動をする方々にスポットを当てます。

『多摩ら・び』市民リポーター募集

No.70 町田
2011年10月15日発売

『多摩ら・び』は、市民リポーター（ボランティア）のご協力をいただいて制作しています。自分のまちが好き、自分のまちを紹介したいという方が、取材、撮影、原稿作成、情報提供などに活躍中。1人でも多くの方のご参加をお待ちしています！

No.67国立特集
完成披露会の様子。

■ 問合せ 多摩信用金庫「多摩ら・び」市民リポーター係
042-526-7727

愛すべき小麦粉伝統食

取材・文・撮影／島崎さほり・高木多恵子（cocon制作室）

武蔵村山は「村山うどん」の名が知られているほど粉食文化が発達した地です。昭和30年代末まで麦畑で覆われていたこの地には精麦所もあり、そこで挽いた地粉で女性たちは毎日の食を作ってきたのでしょう。村山ならではの食文化を若い世代に伝えていく活動を行っている野山北・六道山公園ボランティア「伝統食つたえたい♪」のメンバーさんにお会いし、その代表的な料理を教えていただきました。

まず紹介するのは、日常食として食べられていた「やきもち」と「めしもち」です。「やきもち」は野良仕事の合間に畑でひと休みする際よく作られたおやつで、地粉に卵と水を混ぜ、焙烙《ほうろく》に流し入れて焦げ目がつくまで焼きます。気安く作れるホットケーキのような見た目で、砂糖醤油ダレにつけてほお張ると疲れもとれそうな甘味が口に広がります。

一方「めしもち」は、飯びつに残ったご飯を最後まで無駄なく食べるために、地粉を混ぜてもち状になるまで捏ねて焼いたり茹でたりしたもの。同じく砂糖醤油ダレにつけて食べます。

それに対してうどんはめったに食べない特別な食事でした。冠婚葬祭時に食べる行事食といった存在で、メンバーのおひとりが「ここでは、

かてうどんの作り方

茹でて、水にさらしたうどんをつゆにつけて食べる「かてうどん」。『かて』とは薬味や野菜の具で、季節によって変わります。

1 地粉に塩水を入れ捏ねます。しっかり捏ねればコシがでます。

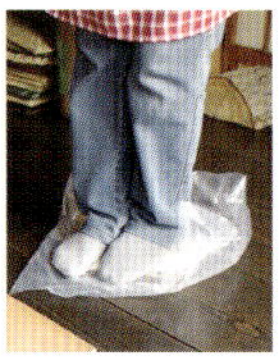

2 寝かせておいた生地をビニールに入れて、かかとを中心にして回転する要領でしっかり踏みます。

3 生地を麺棒に巻き付け転がし、手許へは回転させずに引き寄せます。

4 のし台程度の大きさに生地が伸びてきます。厚さ3～4ミリになったら打ち粉をし、屏風畳みにします。

（上段右から時計回りに）やきもち、すいとん、麦こがし、めしもち、うでまんじゅう。

女性はうどんが上手に打てないとお嫁に行けないと言われていたのよ」と教えてくださいました。麺打ちは男の料理と思っていたのですが…麺を打つメンバーさんの鮮やかなお手並みを拝見して、これはすごい！と驚きました。うどんは生地を寝かしてから麺を打ちますし、他の料理よりも手間をかけて仕上げる、とっておきの料理だったんですね。

すいとんと茹でまんじゅうは呼び方が独特です。すいとんは具の入った出汁へ、生地を手でちぎって投げ入れるので、この辺りでは「とっちゃなげ」と呼びます。「村山の人は口が悪いのよ～」と笑うメンバーさん。茹でまんじゅうも「うでまんじゅう」と呼び、小豆餡のほか、蒸かしたサツマイモを餡にして包んでもいけます。

取材班の女性陣に人気だったのは「麦こがし」です。これは、炒った大麦を挽いた粉に砂糖を加え、あつあつのお湯を回しかけて、箸で練って好みの硬さにして食べるもの。粉のポソポソした食感に夢中になり沢山食べてしまいました。

同じ地粉を使っていても焼いたり茹でたりと、調理法によりさまざまに変わる粉料理。飽きずに美味しく食べるための工夫を重ねていたんですね。

今回協力してくださった野山北・六道山公園ボランティア「伝統食つたえたい♪」のみなさん。左から指田秀子さん、右手安子さん、宮本佳子さん、吉田あき野さん、取材班3名、木下千恵子さん、小川ふきさん、NPO birthの礒脇桃子さん。（他に小川榮子さんも参加しています）

5 麺の断面が真四角になるよう等間隔に切り、茹でる時にくっつかないよう、少しずつ取り分けてほぐしておきます。

6 たっぷりの湯に麺を入れ、沸騰したら3～4回差し水をしながら茹でます。

7 水のうで掬い上げ、水にさらしたら切りだめ（水切りができる木箱。写真上）に1玉分ずつ盛ります。

小麦から作っています

（写真提供／NPO birth）

野山北・六堂山公園ボランティアの活動には、里山の風景を守り育てるたくさんの活動があります。その中のひとつ、「小麦隊」では、昔ながらの懐かしい風景や地粉を使った伝統食を少しでも復活させようと5年前から小麦づくりをはじめました。種蒔きから麦踏み・麦刈り・脱穀・粒干しを経て、手塩をかけて育てた里山産の小麦粉でうどん作りも行います。

「伝統食つたえたい♪
とっておきレシピ」

「伝統食つたえたい♪」は、地元主婦のみなさんが中心となり、四季折々の伝統食や昔ながらのおやつを作っています。「とっておきレシピ」は、伝統食を通してより多くの方々に地元の歴史や文化に親しんでもらおうと、都立公園サポーター基金により作成されました。都立野山北・六道山公園で、募金へ協力いただいた方にお分けしています。　（編）

都立野山北・六道山公園（西武・狭山丘陵パートナーズ）ホームページ
http://www.sayamaparks.com/volunteer/index.html

緑の中間支援NPO birth のホームページ　http://www.npo-birth.org

市民リポート

村山うどんのお店

伝統食を食べに行きませんか?

数十年前の武蔵村山には金色に輝く小麦畑が沢山あったそうです。手打ちのうどんが並べられていたかつての食卓を継承するべく、平成17年(2005)には「村山うどんの会」が設立されました。小麦の香る郷愁の伝統食を探しに出かけます。

取材・文・撮影/石川有佐子、小川榮子、酒井高子、吉岡洋子

伝えてゆく武蔵村山の味
手作り郷土料理の店　翔

池谷タカさん、娘さんの美代子さん。

手作り郷土料理「翔」さんは、普通の住宅街にある隠れ家的なお店です。地粉を使用しているのでしっかり小麦の味と香りがします。そして、つけ汁は昔懐かしい手でかいたかつおぶしを使用しているので、とてもあっさりしています。外装は隠れ家的ですが、店内はとっても気さくな大女将のタカさんとのあたたかなおしゃべりと、タカさんの娘である4姉妹の会話が素敵なBGMになります。武蔵村山入門者にピッタリの家庭的で温かいお店です。(石)

「村山かてうどん」550円。村山の生活の中で手作りされていたうどんの味。もっちりした麺と美味しい出汁の風味が口の中に広がります。

地粉で作った「うでまんじゅう」(左)と、ふかふかの「蒸かしまんじゅう」(右)。どちらも100円。

「茶だんご」100円は武蔵村山地域ブランド品。お茶の味がちゃんとするもっちりとしたお団子です。

11:30 ~ 14:00(水曜~土曜)/日・月・火曜休み/大南3-5-4
立川駅北口より箱根ケ崎駅方面行き「大南1丁目」バス停7分、MMシャトル玉川上水ルート「大南3丁目」下車2分
042-561-3744
http://www.d6.dion.ne.jp/~kreiko/sho.html

読者プレゼント 71頁参照

テーブル16席。ゆったりできる椅子と自宅のような雰囲気にすっかりくつろげます。

小麦粉一筋の店主が打つ、正統派村山うどん
すだち家

スマイル満点。オーナーの船山祐之さん。

「ねぎ豚汁」2玉600円。「かき揚げ」100円はいつまでもサクサク美味しい!

オーナーのこだわりで粉は群馬や長野産の地粉を独自ブレンド。すべて一人で作っているそうです。つゆに力を入れ、オリジナルメニューも豊富。店独自のポイントカードは満点になると好きなものが食べられるので、リピーターが多いのもうなずけます。「村山かてうどん」の伝統を守り、薬味を吟味し、腰のしっかりとしたのどごしさわやかな麺。何よりもオーナーが研究熱心な方であることがこのお店が繁盛している理由でしょう。(小)

村山うどんの会

村山うどんの会は「うどんのまち武蔵村山」を市民の手で創っていこうと活動しています。成人式でうどんを振る舞ったり、大食い選手権を開催したり、時には手打ちうどん教室も。現在、60名の方が加盟しています。会長の乙幡章吾さんは「昔から愛され食べ続けられてきた歴史ある、村山かてうどんを発信していきたい」と意気込んでいます。

★活動の詳細はホームページをご覧ください。
http://m-udon.com/

「手づくり田舎まんじゅう」100円。代金を左の小瓶に入れるスタイルが楽しい。

田舎まんじゅう担当。親切な接客の塚川良美さん。

カウンター5席、テーブル22席。個室もある落ち着いた店内。

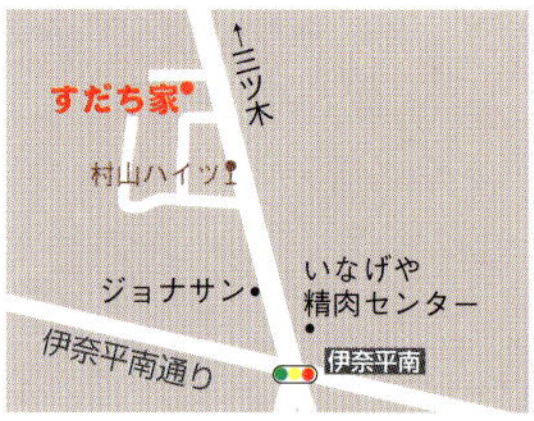

11:00 ~ 15:00
無休(年末年始のみ休み)
伊奈平5-58-17
昭島駅北口よりIHI、イオンモール、箱根ケ崎行き「村山ハイツ」バス停2分
042-560-3960

撮影/戸田英範

肉汁にからむ地粉麺が絶品!! 満月うどん

糧と天ぷら付き「肉汁うどん」700円。

「メニューはふたりで考えます」と、仲良しの店主の比留間良幸さんと妻の麻里さん。

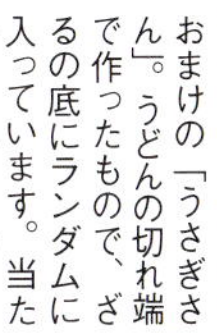
おまけの「うさぎさん」。うどんの切れ端で作ったもので、ざるの底にランダムに入っています。当たったらラッキー。

カウンター5席、テーブル席8席。スペースをゆったりとったムーディーな店内。

武蔵村山で、かてうどんのお店といったら「満月さん」と多くの人に知られています。小さい頃から慣れ親しんだ村山のうどんを食文化として広めていこうと、サラリーマンから店主になった2代目良幸さんは「村山うどんの会」に入り、歴史的に貴重な文化を残そうと盛り上げています。お母さんのみつさんの名前から名づけた満月うどんは昭和61年（1986）に製麺所を開き、祖母から母へ、そして2代目夫婦へと受け継がれてきました。ぜひ多くのみなさんに味わっていただきたいです。（酒）

11:00 ～ 15:00、金・土は18:00 ～ 21:00も営業／月曜・第3火曜休み／三ツ木1-12-10
立川駅北口より箱根ケ崎駅または三ツ藤住宅行き「長円寺」バス停5分／ 042-560-3559　http://www.mm-udon.com/

ボールを打って 40 年、うどんを打って 25 年 長嶋屋

アットホームな店内。そば茶は自由に飲むことが出来ます。

今日も「一麺入魂」の旗がバッチリはためいています。

「出前も始めました」（合計1500円～）店長の穂本康二さんは甲子園出場経験あり。生粋の野球人です！

ジューシーなとり肉と、なすの組み合わせが絶妙。「鳥汁うどん」600円。

昨年の秋にオープンの「村山うどんの会」の中では新しいお店です。オーナーは長嶋茂雄さんの大ファン。もちろん店名の由来もミスターです。『コシが命じゃぁ』が教訓のうどんはモチモチ。村山うどんの糧は別添えにされる場合が多いですが、こちらは肉汁の中にあふれんばかりに野菜と肉が入ってボリュームたっぷりです。そしてうれしいことにすべて持ち帰りが出来ます。使用した器は重曹で洗うので安心安全!! さすが、すべてにこだわる長嶋屋さんです。（石）

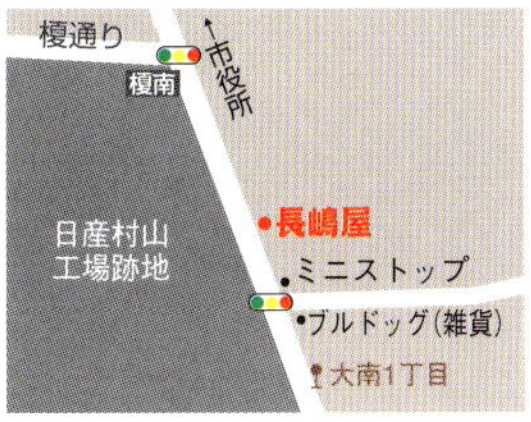

11:30 ～ 15:00、17:00 ～ 20:00 ／不定休／大南1-135-2 ／立川駅北口1番乗り場よりバス、「大南1丁目」バス停2分
042-516-8669　http://musashinagashi.web.fc2.com/ ／ twitterアカウント：@nagashimaya

こだわりの製麺屋さん

伝統の製法にこだわりの心をこめて 比留間製麺有限会社

丁度良い長さに切り整えられた、完成直後の生麺。

村山うどんの会オリジナルの「村山かてうどん」（お土産用半生麺）を作っています。販売先は「村山うどんの会」ホームページを参照ください。
http://www.m-udon.com/mum030.html
※関連記事26頁

現在のオーナー比留間勉さんは3代目。子どもの頃からうどん作りを見て育ちました。日持ちし、腰のしっかりした麺は、スーパーから小売店、村山かてうどん店と幅広く、62年続けてこられたのは、伝統を伝え、人とのつながりを大事にし、常に研究・開発に努力し、従業員の方とともにやってこられたたまもの。昭和記念公園では「豆乳おからドーナツの実演販売」を行ったり、今年から冷凍麺も新登場。“己に恥ずることなかりしか”の座右の言葉と共にがんばっておられます。（小）

残堀1-114-3 ／ 042-560-0202　http://www.hirumaseimen.jp/

粉、塩　ていねいな手作り 手打うどん　野山

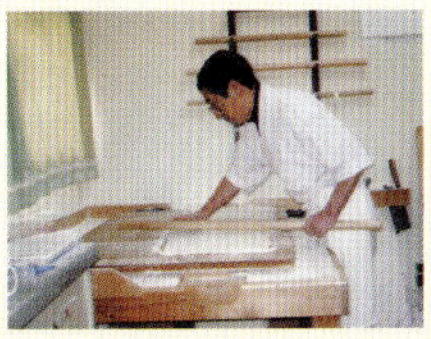
村山大島紬の織元だった並木実さん、糸から粉へ、繊細な手仕事は生涯現役です。

茹で麺・生麺ともに1玉120円。新宿からやって来る常連さんもいるそうです。

撮影／金澤 亮

群馬、長野産の粉を独自ブレンドし、一晩寝かして翌日切るというていねいな作りと、塩は沖縄産を使用し、細麺で上品な麺です。小さな三角のかわいい切れはしが入っているのもご主人のこだわりの一つです。固定客の方々が多く、さすが麺ひとすじ8年のキャリアです。ていねいに心を込めて作る様子を拝見して、つやつやと白い麺の奥深さと凛とした姿勢に地元に根づいた伝統を伝えている人のかっこ良さを感じました。笑顔がステキです。（小）

10:00 ～ 18:00 ／月曜休み／本町5-8-1 ／ MMシャトル「村山温泉かたくりの湯」または「横田トンネル前」バス停5分／ 042-560-2615　※売り切れ次第終了

北多摩のファーマー

市民リポート

村山の土を育む人々

取材・文・撮影／石川有佐子、古浦玲子、吉岡洋子

狭山丘陵を背中に昔は酪農や養蚕、麦の栽培も盛んだった武蔵村山。現在は果樹園や茶畑を主に農業のにぎやかな土地になりました。村山の土を継承していく農業人のお宅を訪ねました。

11月にはみかんがたわわに実り、もぎ取りができます。
甘くておいしい東京生まれ。

九一さんの背負いかご。
ちゃんと購入した日を記してあります。

92歳の今も、毎日みかん畑に通っています！

右から下田九一さん、健心くん、智道さん。

村山にみかんを植えた人

甘くて味の濃い村山みかんは、武蔵村山市の晩秋の風物詩になっています。このみかんを初めて村山にもたらしたのが、下田九一さんです。寒さに弱いみかんにどうやって防寒対策をほどこしたら、冬を乗り越えられるか。里山で刈り集めたカヤや、もらい集めた畳表などで冬の間、木をそっくりくるんだり、防寒対策に一生懸命だったと奥様のトモ子さん。昭和35年から始めた苗の植え付けは、そんな試行錯誤の末成功し、その快挙は当時の朝日新聞にも掲載されたそうです。それから現在にわたって村山みかんを作り続けています。

〝農業をやるからには、人には負けたくない〟と始終考えていたという長年の努力の賜物のみかんを、今は九一さんを手助けしてきたお孫さんの智道さんが継がれています。「自分達も食べるみかんはできるだけ安心､安全なものにしたい」と心がけていると話されていました｡92歳の九一さん、90歳の奥さまのトモ子さんとともに4代にわたるご家族の健康は、まさにみかんにあるのかなと思いました。（古）

ブロッコリーやなすの栽培もはじめたという智道さん。村山ファーマーの力強い新芽の一人です。

みかん積載用乗物のレールに沿って、みかん畑の間をトコトコ歩いて登ってゆくと…

武蔵村山を一望できる絶景が広がります。すがすがしい！

取材時みかん山の頂上には、1本だけ甘夏が実っていました。

みかんのもぎ取りは11月～12月上旬　小学生以上300円、幼児200円／三ツ木3-55-3／立川駅北口より箱根ケ崎方面行き「三ツ木」バス停5分／042-560-3508

撮影／戸田英範（54頁）

北多摩のファーマー
村山の土を育む人々

夏には美緒子さんと昭島の雑貨店パトアシュさん主催で「青空カフェ」という屋外イベントを開催。大きな銀杏の木にハンモックをぶらさげ、木陰のベンチでおいしいご飯をいただけます。梨のもぎ取りも！

梨の花。
まるで桜のようです。

さんさんと陽の光を浴びた甘さと、歯ざわりを楽しめる「長十郎」は、現在は生産も少なく貴重な品種。

撮影／金澤 亮

比留間望さん、美緒子さんと元気なお子さん達。

木にも人にも優しいしごと

代々受け継がれた梨畑の仕事は現在3代目。比留間望さん、美緒子さん夫婦が梨を栽培、お父さまの夲《すすむ》さんは野菜や麦などを作り、幅広い仕事をされています。作物はなるべく自然な方法で育てたいとの思いから、梨の受粉にはミツバチを使用。その恵みで、透明度の高い梨のハチミツもとれます。梨園について説明してくれる望さんの「木に負担をかけないようにつくっています」という言葉と柔らかい笑顔に、ひるま農園の全てが詰まっているように感じました。（編）

梨の直売は8月から9月中旬／残堀4-1-1／昭島駅北口よりIHI方面行き「老人福祉会館前」バス停1分／090-2527-3812

本木良長さん、初恵さん夫婦と村田富子さん、荒日久子さん、佐藤みさ子さん、池田八重子さん、荒田敬子さん。

市内唯一の美味しいブルーベリー園

宝石のような旬の季節のブルーベリーの実。木は、今いちばん甘い実をつける樹齢だそう。

毎年4月中旬には白いブルーベリーの花が可憐に咲きます。

「元々、畑の有効利用をしようと思ってブルーベリーを植えたんですよ」と笑顔で話される奥様の初恵さん。酪農家の3代目のご主人、良長さんと牛の餌を自家生産していた場所に木を100本植えたことが、ブルーベリー畑のはじまりです。そして、ご近所の方の声がきっかけでお客様の摘み取りもスタート。今では、トップシーズンにシルバー世代のブルーベリー娘さんが6名もおり、つみ取りを手伝ってくれる盛況なブルーベリー園さんです。（石）

※16頁に関連記事掲載

ブルーベリーの摘み取り7月上旬～8月／月・水・金曜15時～18時、500グラム1000円／三ツ藤1-80-3／立川駅北口より箱根ケ崎方面行き「イオンモール」バス停5分／042-560-3669

比留間啓二さん、友子さん夫婦。

生産・製造もしている極上の東京狭山茶

今年の新芽。

一面に広がる茶畑。お茶の葉っぱがのびのびと育っています。

「店舗は玄関先」とニッコリ話す啓二さん。友子さんは市内で第1号の日本茶インストラクター。地域に根付いた活動をしています。

東京狭山茶（武蔵村山地域認証ブランド）を市内狭山丘陵麓で製茶・製造・販売をされているのが、本比園さんです。地元の方で代々大きな農家のお宅です。お祖父様までは養蚕をしていて、お父様の代の昭和32年ごろから製茶業を始め、比留間さんは2代目です。ご夫妻は、身近過ぎるゆえに見逃しがちな日本茶の素晴らしさを伝えようと努力されています。茶畑は良質な有機肥料を主体として茶葉を摘み取り、丁寧に作り上げています。お茶にかける情熱が素晴らしい「日本茶愛」の本比園さんのお茶を、ぜひご賞味ください。（石）

三ツ木5-22-1／立川駅北口より箱根ケ崎方面行き「峰」バス停3分／042-560-0222　http://www.docotama.com/mall/shop/motohien/（通販サイト）

自費出版

あなたの本「つくってよかった」と思っていただけるように

一期一会の人と街
１７２日間夫婦の船旅紀行

日本の高度経済成長期、過酷な勤務に耐える30歳代の勤め人の夢は、「のんびり世界を巡る船旅」であった。それはあの「ポパイのホウレン草」に似たエネルギー源であった。

２００８年の『世界一周』の船旅は、太平洋、インド洋、大西洋などの航海、スエズ・キール・パナマの三大運河の航行等、クルーズ自体がなかば目的となっていたが、個人的に地中海他の欧米寄港先で楽しみにしている所も幾つかあった。そして、１０４日で21ヶ国・28港に立ち寄った船旅は、期待を裏切らないものであった。

かくて、永年の夢を叶え十分満足したのだが、少しばかり船旅に未練も残った。それは南米大陸を掠りもしないという航路の制約に由来するものであった。北極圏と欧州最北のノールカップ岬を訪ねてなお南米大陸を求めるのは、いわば「望蜀《ぼうしょく》」の謗《そし》りを免れない望みなのだが……。

謗りはともかく、09年の『南洋と南米』船の旅に心が動いた。これまで、南米の「イグアスの滝」「ナスカの地上絵」「空中都市マチュピチュ」などは訪ねるべくして果たしえなかった。飛行機で20数時間はあまりに遠い。しかし、この船旅では、停泊中の太平洋側の港周辺からのオプショナルツアーを利用したので数時間の飛行で永年の夢であった国々の風土と遺跡に接することができた。

南米に至る前には太平洋戦争の激戦地と南洋（諸島）を辿り、モアイ像のイースター島も訪ねた。だから、68日間の船旅は、個人的な願望をはるかに超えるものであった。

二つの船旅では、驚嘆の自然と人類の歴史、忘れがたい人との出会いに触れることができたが、同じ環境で接することは二度とないという思いを込めて、『一期一会の人と街』をしたためた。この本から、そのような私たちの「歴史」の一部を感じていただければ望外の幸せである。

今回の刊行は「けやき出版」にお願いしたが、献身的な協力を戴き、地元の利便性も十分に享受できたので最善の選択であったと思っている。

文・写真／渡部公正
四六判　１５７５円

書店で買える自費出版の本　★好評既刊★

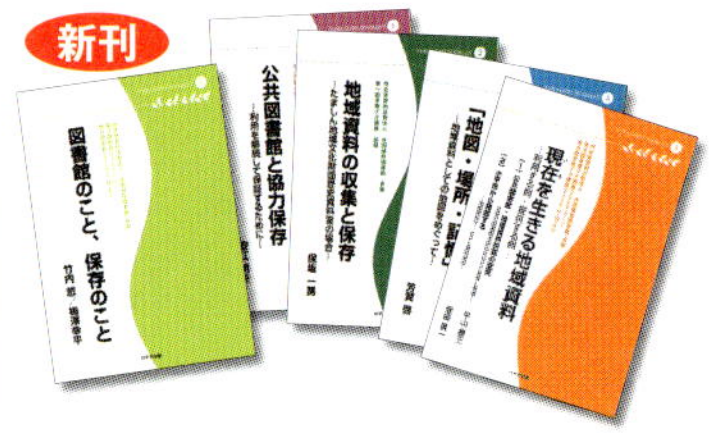

多摩デポブックレット
特定非営利活動法人 共同保存図書館・多摩 発行 各６３０円

①公共図書館と協力保存
—利用を継続して保証するために—　安江明夫

②地域資料の収集と保存
—たましん地域文化財団歴史資料室の場合—　保坂一房

③「地図・場所・記憶」
—地域資料としての地図をめぐって—　芳賀 啓

④現在を生きる地域資料
—利用する側・提供する側—　平山惠三／蛭田廣一

⑤図書館のこと、保存のこと　竹内 悊／梅澤幸平

日本陸軍の通信諜報戦
—北多摩通信所の傍受者たち—
鳥居英晴　１０２９円

多摩の畑から群馬の畑へ
畑のおじさん日記２００９
金井 聡　１３６５円

多摩の畑から採れた本
畑のおじさん日記２００８
金井 聡　１３６５円

多摩・武蔵野検定２００８–２００９出題問題と解説
社団法人 学術・文化・産業ネットワーク多摩 編　１０５０円

東京発 読んで旅する四季の山々
金森康夫　１３６５円

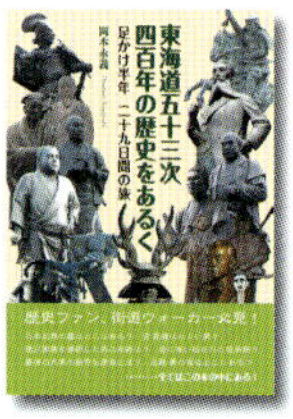

東海道五十三次四百年の歴史をあるく
足かけ半年 二十九日間の旅
岡本永義　１５７５円

※価格は税込み

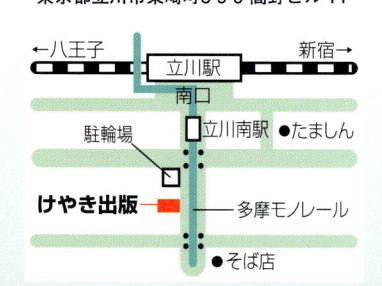

多摩らいふ倶楽部 かわら版 170

企画／多摩信用金庫
運営／(株)多摩情報メディア
電話／042-526-7777
http://www.tamalife.co.jp/

多摩で暮らす皆様に、健康でより豊かな生活をおくっていただきたい……これが多摩らいふ倶楽部の願いです。

多摩らいふ倶楽部では、「健康」「学ぶ」「遊ぶ」「地域」をキーワードに、たくさんの企画を用意して、皆さまのご参加をお待ちしています。

私たちが暮らしている地域の魅力を発見していただきたくて、多摩地域での実施イベントには、多摩印をつけました！

多摩らいふ倶楽部会員特典のご案内

新規会員を募集しています。

■ お申込みいただける方・年会費

多摩地域及びその周辺に居住もしくは勤務している方、または当倶楽部の主旨にご賛同いただける20歳以上の方（年会費：3,150円）、また同居のご家族4名までが家族会員（年会費：無料）としてお申込みいただけます。

- 多摩の魅力を実感してほしい、素敵な出会いと発見の「ほっとイベント」・健康や暮らしの知りたい、学びたいにお応えした「イキイキらいふ」に、会員価格でご参加できます。
- 一流講師による書道、絵画、英会話など60以上の講座「多摩カレッジ」・多摩や関東近郊を中心とした散策から登山まで、自由にお選びいただける「多摩らいふハイク」が受講できます。
- 多摩の情報やイベント満載の「多摩ら・び」を年6回お届けします。
- いつでも健康電話相談サービスが利用できます。（無料）
- 会員証の提示で、多摩の温泉や美術館などの優待が受けられます。
- 多摩のお店（多摩らいふ倶楽部加盟店）で多摩らいふ倶楽部JCBカードを使うと、ポイントが貯まります。
  地域貢献プログラム：多摩らいふ倶楽部JCBカードをお持ちの皆さまの年間利用総額の一部（0.1％相当）が地域貢献に役立てられます。会員の皆様の負担はありません。
- カルチャー教室の割引・書籍の割引購入・国内から海外50,000カ所以上のホテルやリゾート施設の優待利用・海外、国内旅行パッケージツアーの割引が受けられます。
- イベントやカレッジ・ハイクの参加時に配布するシールを集めると、JCBギフトカードがもらえます。

お問い合わせ・お申込み・資料請求は多摩らいふ倶楽部事務局

電話 **042-526-7777** 受付時間 9時～16時（土・日・祝日を除く）
※電話番号はお間違いのないようにお願いします。

※会員＝多摩らいふ倶楽部会員

◎記事連動企画◎ 特集 多摩

武蔵村山を楽しむ

多摩の散歩 160

30～31頁参照

夏だからこそ歩きたい 廃線跡

2011年 7月20日(水) 9:10～12:00 T4995

今まで秋に何度か歩きましたが、夏は初めてです。暑い夏の一日、涼しさを体感しに行きませんか。

集　合 多摩モノレール上北台駅改札口前

行　程 上北台駅→神明2丁目～赤坂トンネル～御岳トンネル～赤堀トンネル～横田トンネル～野山北公園～長円寺バス停→上北台駅

※行程中路線バスを利用します。料金は各自お支払いください。

講　師 ナチュラリスト　大谷 和彦

参加費 会員800円、会員外1,300円　**定　員** 25名

写真提供／武蔵村山市商工会

玄人から学ぼう 96

夏に重宝する世界に一枚だけの…

18頁参照

村山大島紬の伝統の技、板締めストール藍染体験

2011年 8月12日(金) 9:10～15:00 T5003

村山大島紬の伝統技術である板締染色の技法を使い、シルクストールを藍で染める体験です。村山大島紬の歴史や技術を学びながら、伝統工芸士のご指導で、自分だけのオリジナルストールを染めてみませんか。

集　合 JR立川駅西改札口前

行　程 立川→横田バス停～村山織物協同組合（染色体験、作品完成後現地解散）

※行程中路線バスを利用します。料金は各自お支払いください。

講　師 村山大島紬伝統工芸士
田代 章雄、原田 雅士、髙山 金之助

参加費 会員5,500円、会員外6,000円（材料費込み）

定　員 25名（最少催行人数15名）

その他 昼食は自由食となります。（飲食店あります）

シルクストール（約60cm×160cm）

イベント申込方法

★すべてのイベントは事前申込が必要です。

お申込み・お問い合わせ　※電話番号はお間違いのないようにお願いします。

多摩らいふ倶楽部事務局
TEL 042-526-7777　受付時間 9時～16時（土・日・祝日を除く）
FAX 042-521-2225　24時間受付

■申込受付

平成23年6月27日（月）（1回目締切）まで随時受付し、参加券をお送りします。以後空きのあるものは、先着順に受付けます。
1回目締切日までに定員を超えたものは、翌日に抽選します。

■結　果

お申込いただいた方には、必ず封書でお知らせします。万が一、1回目締切日を1週間以上過ぎても届かないときには、お手数ですが事務局へご一報ください。

空き待ち‥抽選にはずれた方は、自動的にキャンセル待ちとします。

増　設‥定員を大幅に超えた時は、可能な限り同様のイベントを増設します。増設分で当選の方には、参加券に「増設ハガキ」を同封しますので、必ずご返信ください。

先着順受付‥かわら版発行の翌月10日までに実施するイベントが対象です。（一部例外あり）指定日の9時より電話のみで受付けます。（申込時点でご参加の可否が判ります）

◆申込方法及び抽選方法

- 電話・FAX・官製ハガキ・本誌巻末のハガキのいずれかをご利用ください。
- 倶楽部会員番号・名前・電話番号・日時・イベント名などをお書きください。
- 原則として会員・会員外の順に抽選します。
- グループでのお申込みの場合、グループをひとりとしてカウント、当落が同じになります。申込み時にお申しつけください。

◆注意事項

- FAXでお申込みの場合、事務局より受領した旨の連絡を致します。数日しても連絡のない場合は、お手数ですが電話でご確認ください。
- 各イベントは諸事情により、変更・延期・中止になることがあります。
- 行程の中の「→」は乗物利用、「～」は徒歩です。参加費の他に路線バス代等がかかる場合があります。
- 表示している参加費には消費税が含まれています。
- お客様のご都合でお取消された場合は、右記のとおりキャンセル料がかかりますので、あらかじめご了承ください。
- 各マークの説明は各頁の下欄に記載しました。ご覧ください。

キャンセルの時期	キャンセル料
実施日の前日から起算して10日前（宿泊を伴うものは20日前）～8日前	参加費の 20%
7日前～2日前	参加費の 30%
前日	参加費の 40%
当日	参加費の 50%
無連絡欠席及び当日の開始後	参加費の100%

170 かわら版

徒歩を伴うものは参考程度に「気軽度」を表示しています
散策 ★の数が多いほど、難度が増します。
歩行時間・標高差などを基準にしました。

Ⓢ サブスタッフサポートイベント
サブスタッフとは…イベント運営時、安全確認や会員同士の仲間づくりのサポートのために協力していただいている、多摩らいふ倶楽部会員の方。
*サブスタッフの方には年1回程度の研修を受講していただいています。

多摩 多摩地域での実施イベント

多摩のとっておき 164 165

多摩

榎戸さん家のブルーベリー摘み 木陰で戴く自家製ジェラートも最高!!

2011年 7月26日(火) 10:00 ～ 12:00 T4996

炎天下でブルーベリー摘みを楽しんだ後は、冷たいジェラート!!　毎夏の楽しみの一つです。大きな樫の木の木陰で夏の暑さを忘れるひとときを、ブルーベリージャムやブルーベリー酢の作り方を学びながらお過ごしください。

集　合　JR中央線国立駅北口改札口前
行　程　国立駅→榎戸園芸（現地解散）
※行程中路線バスを利用します。料金は各自お支払いください。
講　師　榎戸園芸　榎戸 房子
参加費　会員1,800円、会員外2,300円　定　員　30名
その他　摘んだブルーベリー1篭(約400g)とジェラート付きです。

スタンプ　振込　多摩JCB　子供OK　Ⓢ

駅前収穫!!

石井さん家の高尾ブドウと幸水梨狩り

2011年 8月19日(金) 10:00 ～ 12:00 T4999

駅からこんなに近くで収穫が出来るのは、石井さん家だけかも知れません。ご家族総出でお迎えしてくださり、優しさが溢れています。石井家の歴史話も興味をそそります。暑い夏だから美味しくなる果物を充分満喫してください。

集　合　京王線つつじヶ丘駅南口改札口前
行　程　つつじヶ丘駅～石井さんの畑（現地解散）
講　師　石井農園　石井 敏雄
参加費　会員500円、会員外1,000円
定　員　30名
その他　収穫したブドウと梨は当日精算してください。料金は参加券でお知らせします。

スタンプ　現金　子供OK　Ⓢ

多摩の散歩 161

多摩

車窓から見える!! 気になっていた雑木林を歩きます

2011年 8月26日(金) 9:30 ～ 11:30 T5000

日野から八王子に向かう中央線の車窓から見える雑木林が、いつも気になっていました。駅から歩いて5分、駅ちかの雑木林で楽しい夏の思い出を探します。

集　合　JR中央線豊田駅改札口前
行　程　豊田駅～黒川清流公園～野鳥の森公園～豊田駅
講　師　ナチュラリスト　大谷 和彦
参加費　会員800円、会員外1,300円　定　員　25名

スタンプ　現金　徒歩中心　散策★　Ⓢ

素敵発見 45 46

多摩

Fumino先生のお洒落クラフトシリーズ

会　場　アトリエすずらん（JR中央線国立駅北口徒歩1分）　講　師　アトリエすずらん主宰　多積 文乃　定　員　8名

6/13(月) 9時から 先着順受付（電話のみ）

お洒落なアコーディオン型ファイルを作りましょう

2011年 7月6日(水) 10:30 ～ 12:30 T4984

紙素材やお花のスタンプ・リボン等を使って3Dアートで素敵なアコーディオン型ファイルを作ります。立体的なお花がポイントです！とってもかわいらしいファイルにあなたなら何を整理しますか？他では習えないFumino先生オリジナルのクラフト技法満載です。

横16.5× 縦11.5×厚さ1.5cm

参加費　会員2,500円、会員外3,000円（材料費込み）
その他　お花のスタンプ付き

スタンプ　振込　多摩JCB

自分だけの素敵なオリジナル名刺を作りましょう

2011年 8月3日(水) 10:30 ～ 12:30 T4985

ご自分の名刺ってお持ちですか？　お友達やお知り合いの方に名刺を渡すってなんかいいですよね。オリジナルの名刺を作ってみませんか？　おひとりおひとりのお名前とご住所などを印刷した名刺にお好きな絵柄で装飾します。スタンプの珍しい技法が満載の楽しい講座です。ご自分の素敵な名刺が10枚完成します。

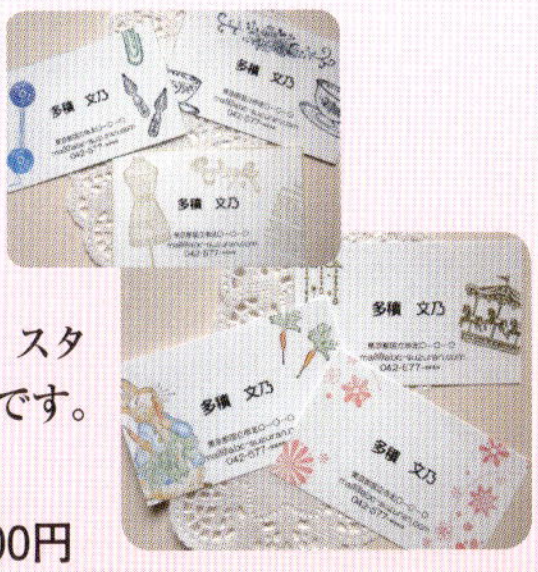

参加費　会員1,600円、会員外2,100円（材料費込み）

スタンプ　振込　多摩JCB

※会員=多摩らいふ倶楽部会員

170 かわら版

●マークの説明　スタンプサービス　当日現金払い　期限までに振込　ポイント5%　子供参加OK　徒歩中心

イキイキらいふ 138 139 140

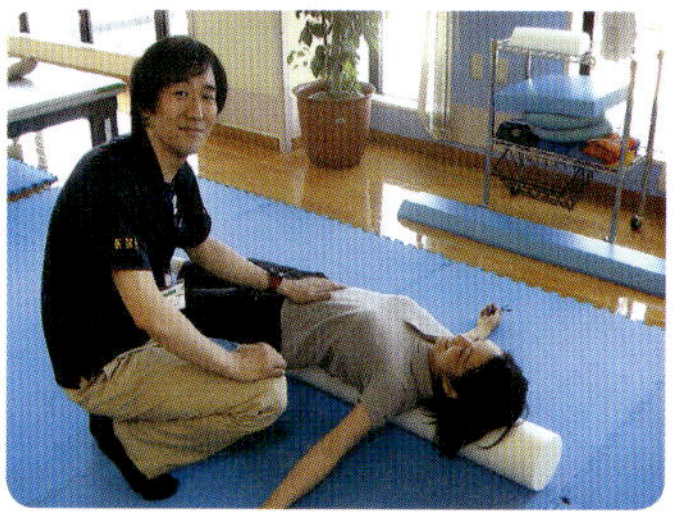

今日からあなたも自分で治せる。肩こり体操1.2.3!!
〜長年悩まされてきた肩こりの解消に〜

2011年 7月26日(火) 14:00 ～ 15:30 T4986

何年も治療に通っているのに全然良くならない。そんなあなたのしつこい肩こり。受身の治療は常に一時的なものです。これからは自分の痛みは自分で治す！　いつでもどこでも簡単に、そして長く続けることのできる肩こり撃退法を伝授いたします。長年連れ添った肩こりとお別れして、今日からあなたも快適ライフ！

会　場　たましんWinセンター（JR立川駅北口徒歩4分）
講　師　医療法人社団KNI 北原国際病院 米国カイロプラクターライセンス保持者　友広 隆行
参加費　無料　　定　員　40名

転んでも骨折しない丈夫な骨を作りましょう！

2011年 8月25日（木）14:00 ～ 15:30 T4988

骨折の原因のひとつに骨粗鬆症があると言われています。年齢や生活習慣によって、誰にでも起こりえる病気です。そこで骨の健康度チェックをしてみませんか？　毎日の食事や運動で、骨粗鬆症を予防していきましょう！　皆さん、どうぞお気軽にご参加ください。

会　場　たましんWinセンター（JR立川駅北口徒歩4分）
講　師　独立行政法人国立病院機構 災害医療センター 整形外科病棟看護師　二石、山本、高島、茂木
参加費　無料　　定　員　40名

食べて元気に痩せる！ 話題の糖質制限ダイエットとは！
「糖質オフで美味しく満腹ダイエット」

2011年 8月31日(水) 10:00 ～ 12:00 T4993

「糖質オフで美味しく満腹ダイエット」肉も魚も卵もOK。お酒も飲める。それでもみるみる痩せられる！　今、話題の糖質制限ダイエット。糖尿病や生活習慣病のリスクを減らし、健康体へと変わっていく自分が実感できるのも特徴です。主食のかわりに豆腐を使って丼やチャーハンも楽しめます。焼き肉、イタリアンなど外食のコツや太らないデザートの紹介など実践方法が盛りだくさん。低糖質な美味しいお土産もこうご期待です。

会　場　多摩カレッジ国立教室（たましん国立支店4F）
講　師　管理栄養士　大柳 珠美　　参加費　会員2,800円、会員外3,300円　　定　員　20名
その他　低糖質なパンやお菓子などのお土産付き

多摩らいふ倶楽部パソコン教室 169

6/13(月) 9時から 先着順受付（電話のみ）

クールな写真入り 夏の挨拶状作り（2回講座）

2011年 7月7日(木) 10:30 ～ 12:00 T4987

夏のイメージにぴったりな、クールでおしゃれな写真を教室で撮影して、はがきに取り込み、夏の挨拶状を作ります。

- 1回目：デジカメの使い方の説明後室内撮影
- 2回目：室内撮影した写真を取り込んで暑中見舞いはがき作り

会　場　たましん国分寺支店4階
（国分寺駅北口徒歩5分）
日　程　7/7・21の2回講座
講　師　ICTマスター　打越 和枝
参加費　会員4,000円、
会員外4,500円
定　員　8名

素敵発見 47

6/13(月) 9時から 先着順受付（電話のみ）

浴衣の帯の結び方いろいろ

2011年 7月6日(水) 10:00 ～ 12:50 T4990

夏はやっぱり浴衣を着たくなりますね！そこで帯結びの基本「文庫結び」から帯結びの新しいバリエーションをご紹介しますので、貴方ならではのスタイリングを見つけてください。

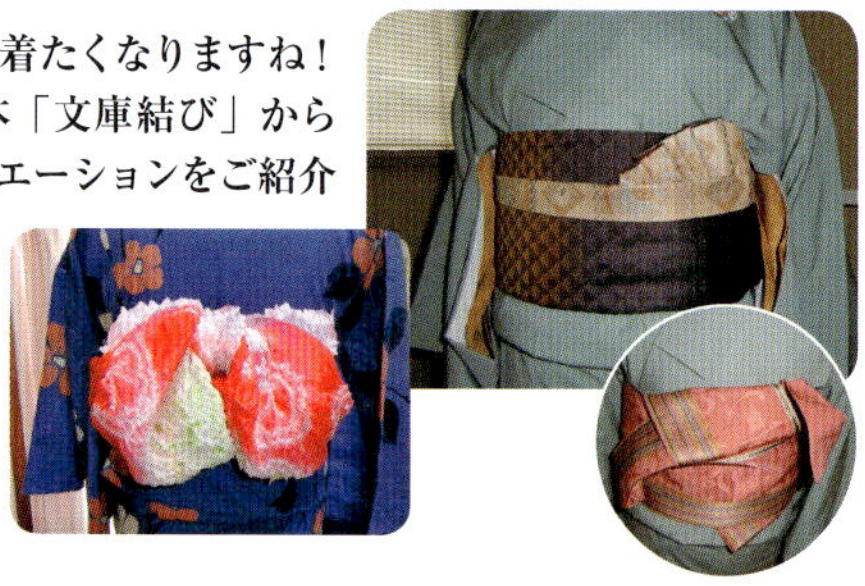

会　場　たましん高幡不動支店2F(京王線高幡不動駅徒歩1分)
講　師　着付け教室講師　竹内 陽子
参加費　会員1,500円、会員外2,000円
定　員　8名

170 かわら版

多摩 多摩地域での実施イベント

多摩らいふ倶楽部では、地域の企業とともにイベントを実施しています

ハートフルステーション講座 149 150　多摩

会場　伊勢丹立川店6Fハートフルステーション　定員　13名

ちくちくステッチのリボンレイバッグチャーム

2011年 7月13日(水) 10:30 ～ 12:30 T4981

かわいらしいリボンとお花を組み合わせてつくるバッグチャーム、お花の名前はハワイ名では「ピカケ」日本名では「ジャスミン」です。ジャスミンの花や貝を使ったひと味違ったハワイアンリボンレイのバッグチャームです。夏のバッグにつけると、涼しげで素敵です!!

講師　HaraLei主宰　原 恭子
参加費　会員・会員外1,000円
（材料費込み）
その他　申込時に黄・ミント・ピンクの3色からお選びください。

スタンプ　現金

～金魚鉢みたいな～可愛らしいキャンドル

2011年 8月2日 (火) 10:30 ～ 12:30 T4982

夏の暑い夜、キャンドルに火を灯してみましょう。涼しそうに金魚が泳いでいるみたいです。丸さが可愛らしい金魚鉢みたいなキャンドルが暗い夜に浮かび上がって素敵です。この時期……ぴったりのキャンドルで心を穏やかにしてみませんか。

直径約7cm

講師　ブラックティー・ローズ
桑原 成子、安保 秀容
参加費　会員・会員外2,000円
（材料費込み）

スタンプ　現金

昭和館の趣味講座 134　多摩

SHOWAKAN

つけ心地も軽く、とめるのも簡単！　おしゃれなネックレスを作りましょう

2011年 7月11日(月) 13:30 ～ 15:30 T4991

華やかな大粒のアクリルデザインパーツでネックレスを作ります。つけ心地も軽く、アジャスターが大きめなのでとめるのがとても簡単です。透明感が涼しげでこれからの季節におすすめ。赤系は華やかに、ブラック系はシックな感じで活躍しそうです。

会場　フォレスト・イン昭和館
講師　アトリエ・ボンボン 主宰　明星 亜紀子
参加費　会員・会員外4,500円（材料費込み）　定員　20名
その他　色は赤系かブラック系を当日お選びください。
昭和館のコーヒー付きです。

スタンプ　振込　多摩JCB

興味津々 105　多摩

男性も大歓迎です

プロから学ぶジュエリーメイキング　彫金講座

2011年 7月21日(木) 13:00 ～ 16:00 T4994

シルバーリングを地金から制作してみませんか？　3種類のデザインからお好きなリングをお選び頂き、ご自分にピッタリのものを作りましょう。不器用だから……なんて心配はご無用！　道具も全て揃っているプロの工房で、親切、丁寧にご指導します。

会場　ジュエリーアトリエ らぴでーる（JR中央線武蔵小金井駅南口徒歩5分）
講師　ジュエリーアトリエ らぴでーる　根岸 佑治、根岸 弘子
参加費　会員2,500円、会員外3,000円（材料費込み）　定員　9名

スタンプ　振込　多摩JCB

※会員=多摩らいふ倶楽部会員

●マークの説明　スタンプ　スタンプサービス　¥現金　当日現金払い　振込　期限までに振込　多摩JCB　ポイント5%

興味津々 103 104

多摩

6/13(月) 9時から
先着順受付
(電話のみ)

～健康は足もとから～ 和柄の粋な布ぞうりを作りましょう

2011年 7月7日(木) 12:30 ～ 16:00 T4983

布ぞうりには、血行やリンパの流れを促進する効果があります。足の健康のために愛好者が増えています。おしゃれな和の柄の布で作りましょう。履き心地が良く、しっかりとしたぞうりの作り方のコツをお教えします。専用の編み台を使い、イスに座って作れるので腰に負担をかけず、楽しんでぞうりが作れます。いろんな柄を揃えていますのでお楽しみに！

会　場　たましん国分寺支店3F（国分寺駅北口徒歩５分）
講　師　ものづくりスペースOne by One　采原 恵利子
参加費　会員2,500円、会員外3,000円（材料費込み）
定　員　20名　その他　数種類の色より当日お選びください。

スタンプ　振込　多摩JCB

♥グラスアート♥ かわいいキャンディポットを作りましょう

2011年 7月22日(金) 10:00 ～ 12:00 T4992

街を歩いていて鮮やかな色彩のステンドグラスに憧れた事はありませんか？ステンドグラスの雰囲気を手軽に楽しめるのが「グラスアート」です。1枚のガラスに接着剤付きリード線と特殊フィルムを貼って作ります。初めての方でも短時間で素敵な作品ができます。今回はキャンディやコットン、鍵を入れたり……とても便利なキャンディポットを作ります。

横8cm×高さ11cm

会　場　多摩カレッジ国立教室
（たましん国立支店4F）
講　師　アトリエ こくらげ 主宰　今井 さゆり
参加費　会員2,500円、会員外3,000円（材料費込み）
定　員　8名

スタンプ　振込　多摩JCB

ちょこっと芸術 64

能楽春夏秋冬 ～真夏編～　能楽堂の装束干し見学

2011年 8月10日(水) 11:30 ～ 15:00 T4998

観世九皐会の装束干しを見学してみませんか。公演で使用される本物の装束を間近に、中所先生にお話ししていただきます。能閑期の行事なのですが、高温多湿は装束には好ましくないので冷房を用います。上着をご用意してお越しください。

集　合　東京メトロ東西線神楽坂駅矢来口改札口前
行　程　神楽坂駅～昼食・お話（キュイジーヌ・ナチュレル レ・ブランド）～
矢来能楽堂（現地解散）
講　師　観世流能楽師　中所 宜夫
参加費　会員4,300円、会員外4,800円　定　員　20名
協　力　観世九皐会

スタンプ　振込　多摩JCB

多摩からおでかけ 35

日本一美しい白樺林と花を楽しむ八ヶ岳山麓の高原散歩

2011年 8月2日(火) 7:30 ～ 19:30 T5001

涼を求めて高原散歩に出掛けませんか。緑の中でのんびりしたら、きっと心の底まで癒されるでしょう。高原散歩のあとは、八千穂に縁深い文化勲章受賞者・奥村画伯も好んで歩いた道を、大谷講師のふ～んわりした優しさに包まれながら歩いてみませんか。

集　合　立川 たましん本店横
行　程　立川→八千穂高原自然園～花木園→白樺群生地
→松原湖畔→奥村土牛記念美術館～界隈散歩→立川
※行程は当日の交通事情や天候により、変更する場合があります。
講　師　ナチュラリスト　大谷 和彦
参加費　7,900円
定　員　24名（最少催行人数20名）

旅行企画・実施
郵船トラベル（株）
東京都千代田区神田神保町2-2 波多野ビル／観光庁長官登録旅行業第1267号／総合旅行業務取扱管理者：川口 博（社）日本旅行業協会正会員／ボンド保証会員

スタンプ　振込　多摩JCB　会員限定　保険　散策 ★★　Ⓢ

170 かわら版

徒歩を伴うものは参考程度に「気軽度」を表示しています
散　策　★の数が多いほど、難度が増します。
歩行時間・標高差などを基準にしました。

Ⓢ サブスタッフサポートイベント
サブスタッフとは…イベント運営時、安全確認や会員同士の仲間づくりのサポートのために協力していただいている、多摩らいふ倶楽部会員の方。
＊サブスタッフの方には年1回程度の研修を受講していただいています。

多摩　多摩地域での実施イベント

むさしの歴史散歩 43 44

講師　写真紀行家　平野 勝　定員　20名

新宿界隈の「今」と「昔」を歩く

2011年 7月12日(火) 9:30 ～ 13:00　T4978

東京都内随一のにぎわいを見せる新宿の街。
そんな新宿に今も残る旧跡、古社寺を訪ねます。
都内最大の閻魔大王像は「内藤新宿のお閻魔さん」とよばれ江戸庶民の信仰を集め「薮入り」には縁日が出て大いに賑わったといいます。
普段なら近寄り難いゴールデン街や歌舞伎町も日中ならば安心！
平野講師の楽しい講義で、新宿がもっと身近に感じられます。

集合　JR新宿駅南口みどりの窓口前
行程　新宿駅～追分（旧青梅・甲州両街道の分岐点）～天龍寺（時の鐘）～太宗寺（江戸六地蔵・江戸三閻魔）～正受院（針塚）～成覚寺～花園神社～ゴールデン街～歌舞伎町～やきとり横丁～十二社熊野神社～西新宿高層ビル街～新宿駅
参加費　会員2,500円、会員外3,000円
その他　解散後、自由昼食となります。

スタンプ　振込　多摩JCB　散策★

講座風景（慶応大学にて）

錦糸町の昔を訪ねる

2011年 8月9日(火) 9:30 ～ 13:00　T4979

武蔵（634m）の高さに到達した「東京スカイツリー」を仰ぎながらの下町散歩です。
太田道灌の伝説がまつわる法恩寺や狩野元信の墓が残る本法寺、勝海舟の父・小吉の信仰が厚かった能勢妙見堂などを見て回ります。
橋をくぐるごとにイメージががらりと変わる大横川親水公園は、大人から子供まで飽きることなく楽しめ、真夏の下町で一服の涼が得られます。

集合　JR総武線錦糸町駅北口改札口前
行程　錦糸町駅～錦糸公園～法恩寺～霊山寺～本法寺～春慶寺（鶴屋南北の墓）～スカイツリー建設現場～大横川親水公園～能勢妙見堂～津軽稲荷神社（おいてけ堀）～伊藤左千夫住居跡（歌碑）～錦糸町駅
参加費　会員2,500円、会員外3,000円
その他　解散後、自由昼食となります。
平野講師お勧めは、台湾厨房「劉の店」のボリュームたっぷり《鉄道弁当》だそうです。

スタンプ　振込　多摩JCB　散策★

講座風景（芝・増上寺にて）

"古代史の謎"探検隊 18 19

講師　古街道研究家、歴史古道まちづくりプランナー　宮田 太郎

幻の"滝山道《みち》"を探ろう！〔大和市編〕

2011年 7月14日(木) 10:00 ～ 15:30　T4980

意外な場所から場所へと古街道はつながっているもの。戦国時代に小田原北条氏が築城した八王子の大城郭・滝山城は、多摩川を挟んだ関東北部への進出の足掛かりの前線基地。三浦氏からの攻撃を防ぐために、鎌倉近くにも玉縄城を築いた際、この鎌倉と八王子の二つの城を結んだ軍道として"滝山道"が出来ました。神奈川県大和市付近にその伝説がよく残っています。この軍事戦略的道路は、江戸時代には相州往還道として人々の暮らしを支えていきました。幻の滝山道と合わせて、最近発見した東海道系・古代官道？のルートも検証します。

集合　小田急線東林間駅改札口前
行程　東林間駅～横浜水道道路～滝山道～古代官道と滝山道と横浜水道の交差点～日本最古級！の月見野遺跡～昼食～下鶴間城山遺跡～山中修理助館跡～桜の散歩みち（よこはま水道）～相模野149遺跡～つる舞の里資料館～頼朝伝説地～高座郡最高地点の富士塚～つきみの駅
参加費　会員2,300円、会員外2,800円
定員　25名
その他　約5kmの歴史散策です。
昼食はつきみ野駅前の飲食店で自由昼食となります。

スタンプ　振込　多摩JCB　散策★★

講座風景

実践！古街道はこうやってみつけよう ～地図から痕跡を発見する方法を伝授！～

室内講座

2011年 8月20日(土) 13:30 ～ 15:30　T4989

これまで全国で数多くの歴史古街道を発見してきた講師が、武蔵野や多摩丘陵、相模野などの新旧二つの地図を使ってその発見方法やそのコツを詳しく伝授いたします。古街道と古道の違いは何か、発掘しなくてもなぜ地表の痕跡で判断ができるのか。現代のごくありふれた地図から、国家的事業として造られた古代の道路や、中世・鎌倉時代～戦国時代の道、江戸時代の道が、またそれらを取り巻く当時の風景や人々の姿・心の一端までも見えてくる、不思議な古道学の世界。実践的なこの手法を覚えて、秋から歴史古道の探索に出かけましょう。

会場　多摩カレッジ国立教室（たましん国立支店4F）
参加費　会員2,000円、会員外2,500円

スタンプ　振込　多摩JCB

宮田講師撮影の古道

※会員＝多摩らいふ倶楽部会員

●マークの説明
スタンプ：スタンプサービス　振込：期限までに振込　多摩JCB：ポイント5%　食事付　会員限定：同時入会で参加可　バス利用　保険：任意加入　徒歩中心

多摩カレッジ一日講座 ⑬⑤

日本のおいしい“雑穀”の魅力を探る ～古いけれど新しい栄養食～

2011年 7月12日(火) 13:00 ～ 15:00 T5002

古来、日本人はアワ、ヒエ、キビ、モロコシなどの雑穀を主食としてきました。雑穀にはさまざまな種類がありますが、身体に良さそうなのはわかっていても、その栄養価、効能などをよく知らずに召し上がっている方が多いのではないでしょうか。そこで、知られざる雑穀の健康パワー、また炊飯に混ぜる以外の調理方法などを紹介します。雑穀がこんなにおいしかったのかと見直せます（簡単な試食もあります）。

会　場　多摩カレッジ国立教室（たましん国立支店4F）
講　師　川崎市文化財審議会委員　増田 昭子
参加費　会員2,100円、会員外2,600円（材料費込み）　**定　員**　30名

大人の社会科見学 ⑤①

豪華客船今昔ものがたり！「飛鳥Ⅱ」・「日本郵船 氷川丸」船内見学と客船の歴史

2011年 7月29日(金) 9:50 ～ 15:30 T4997

日本郵船 氷川丸

日本最大の客船「飛鳥」（初代）が就航して20年の節目の年に、初代の1.7倍の大きさと豪華さを誇る「飛鳥Ⅱ」と、平成19年に近代化産業遺産に指定され、タイムマシーンのように古きよき船旅の様子を今に伝える「日本郵船　氷川丸」の船内にご案内します。客船の歴史を学びながら、世界一周の旅に夢を馳せてみませんか。

集　合　JR京浜東北線桜木町駅改札口前
行　程　桜木町駅～日本郵船歴史博物館（見学・セミナー）～大桟橋・飛鳥Ⅱ（船内見学）～昼食（陽気なイタリア酒場 カリーナ）～日本郵船 氷川丸（船内見学）～山下公園（現地解散）
ご案内　日本郵船歴史博物館・郵船クルーズ・日本郵船 氷川丸スタッフ
参加費　会員2,800円、会員外3,300円　**定　員**　25名
協　力　郵船トラベル（株）

散策 ★

飛鳥Ⅱ

受講には多摩らいふ倶楽部への入会が必要です。

山登りを始めてみたい…

久しぶりに山に登ってみたいが、一人では心配…

趣味を通じて山の仲間を作りたい。

しかし、どうすればよいのかわからない。そんな声をよく耳にします。

そんな方は「多摩らいふハイク」に参加してみてはいかがでしょうか。「多摩らいふハイク」はどなたにもご参加いただけるよう、体力や技術にあわせて「散策」「ハイキング」「登山」など年間に70～80本を企画し催行しています。
ご案内する講師は「多摩らいふ倶楽部」が自信をもっておすすめするベテラン講師です。
動物や植物に詳しい講師、山岳ガイド、山岳上級指導員など専門知識豊かで多彩な講師陣が皆様をご案内します。

もちろん講師のほかに経験豊富なサブ講師や事務局のスタッフも一名以上同行しますので安心です。
「多摩らいふハイク」に参加される方のほとんどが一人で参加されていらっしゃいます。一人で参加されても心配いりません。
帰る頃にはきっとすばらしいお友達ができることでしょう。
あなたの『歩きたい』を具体的に応援するのが「多摩らいふ倶楽部」です。健康だからこそできる「楽しく歩ける幸せ」をご一緒に体感しましょう！

＊多摩らいふハイクの企画は本誌68～69ページをご覧ください。

徒歩を伴うものは参考程度に「気軽度」を表示しています
散　策　★の数が多いほど、難度が増します。
歩行時間・標高差などを基準にしました。

多摩　多摩地域での実施イベント

お問い合わせ・お申込みは
多摩らいふ倶楽部事務局　042-526-7777　9時～16時（土・日・祝日を除く）
※ 電話番号はお間違いのないようにお願いします。

カルチャースクール
多摩カレッジ

「多摩カレッジ」は多摩らいふ倶楽部が提供するカルチャースクールです

アートの世界を広げる絵画講座、暮らしを彩るクラフト講座、歴史を学ぶ講座や心身ともにリラックスできる体操講座など、約60講座を開講しています。
教室は国立駅前中心。皆様のお越しをお待ちしております。

＊おすすめ体験講座

気になる講座がありましたら、お気軽に体験受講をしてみませんか。
どなたでも受講いただけます。（1講座1回のみ）

スタンプ　現金

＊ジョエル先生の土曜英会話
日常英会話入門・英会話中級

7月2日（土）　13:00～14:30（入門クラス）
15:00～16:30（中級クラス）

楽しい雰囲気の中で、英会話に触れてみませんか。入門と中級の2クラスありますので、ご自分のレベルに合わせて選んでいただけます。

講　師　英語スクール講師　ジョエル・サージェント
受講料　1,785円

＊楽しく学ぶ世界史
～食の歴史から知る～

7月26日（火）　10:00～12:00

食から見たヨーロッパの歴史を学ぶ講座です。7月はインドから来た恵み、「砂糖と香辛料」について学びます。

講　師　元都立調布北高校校長　村木 逸子
受講料　2,100円

＊はじめての古文書と古地図
～多摩編～

7月4日（月）　10:00～12:00

多摩地域に現存する江戸時代の古文書・古地図を取り上げます。くずし字の基礎から学べる古文書入門講座です。

講　師　駒澤大学講師　菅野 洋介
受講料　2,100円

＊懐かしき昭和の名曲を歌う
～懐メロ学校～（国分寺教室）

7月28日（木）　13:00～15:00

霧島昇（故）・松原操の三女、二代目松原操の歌唱指導で昭和の名曲を歌います。今回は戦後の歌「青い山脈」「あの丘越えて」などを歌います。

講　師　NHK学園講師 歌手　二代目 松原 操
受講料　2,205円

＊心と体のリラックス
～ゆる体操 初級～（国分寺教室）

7月8日（金）　10:30～12:00

ゆったりと体をほぐす体操です。体内の循環がよくなりコリがすっきりします。老若男女どなたでもお気軽にはじめていただけます。

講　師　日本ゆる協会公認 ゆる体操中級指導員2nd Grade　河乃 裕季
受講料　1,995円

＊三味線と端唄教室（八王子教室）

8月18日（木）／25日（木）　13:30～14:30

三味線の音色を聴く機会が少なくなってしまった現代ですが、多摩カレッジでは6年前から2クラスで講座を開講しています。お気軽に体験し、邦楽の魅力を体感してみてください。

講　師　栄芝流端唄師範　芝 洲
受講料　1,000円（三味線一式はお貸しします）

講座 ピックアップ

東京風景印散歩
～スタンプで読み解く東京の歴史～（現地講座）

第3金曜日　13:00～16:00

風景印とは地元の名所や祭、著名人などが描かれた図案入りの消印です。現在では残っていない景色がこの消印から見ることができます。美しい消印を収集しながら、風景印の図案となった街の歴史を辿る講座です。

◆古沢 保 講師より◆

直径36ミリの消印にはその街の魅力が込められています。風景印から東京の過去を覗いてみると、見慣れた風景の中にも新たな発見がありますよ。

体験受講
7月15日（金）
横浜を訪ねます。
●受講料　2,310円　スタンプ　現金

名城と武将

第3水曜日　10:00～12:00

日本の城は世界の中でも特異な発達を遂げました。中でも発達したのは独自性がある“縄張（城のプラン）”でした。天下人と呼ばれる家康・信長・秀吉を中心に彼らが携わった城を取り上げます。

◆八巻 孝夫 講師より◆

日本の城のおもしろさは様々な技術です。築城に際し、武将が技術や発展などにどのような影響を与えたのかをわかりやすく解き明かします。

体験受講
7月20日（水）
天下人とライバルの城と題して、武田信玄が携わった城を取り上げます。
●受講料　2,205円　スタンプ　現金

＊＊＊

上記以外でも体験受講ができる講座や途中からでも受講できる講座がございます。
詳しい講座案内や体験受講のお申込みは、多摩らいふ倶楽部事務局 042-526-7777 までお願いいたします。
※電話番号はお間違いのないようにお願いします。

※会員＝多摩らいふ倶楽部会員

●マークの説明
スタンプ：スタンプサービス　現金：当日現金払い　振込：期限までに振込　多摩JCB：ポイント5%　食事付　NHK営業サービス：企画運営　徒歩中心

みんなの声

イベントや多摩らいふハイクにご参加いただいた方から、ご意見やご感想をいただいています。

★ペーパークイリングでかわいい桜の壁掛けをつくりましょう

2011年3月8日実施

＊桜は、私の一番好きな花…。特に日本人は、桜という俳句でも代表的な花に思い入れがあるのでは…。本日の「さくらの壁飾り」は、ボリュームがあり、色も優しく大人の女性ならではの作品の仕上がりとなりました。ありがとうございました。（K・Hさん）

★IHIそらの未来館（株式会社IHI）&家具の博物館（フランスベッド株式会社）～昭島の面白さをハシゴしましょう！～

2011年3月10日実施

＊IHIそらの未来館での説明は心にズシッと来るものでした。戦前・中・後を歩んできた私には走馬燈のように過去が駆け巡りました。宮本館長の仰るとおり、日本の技術力に未来を見るべきと感じました。飛行機が何故空を飛ぶことができるのか…の疑問が少しばかり解けたのも収穫でした。家具の展示場では日本人の器用さに舌を巻くと同時に時の流れを感じさせる品ばかりでした。昼食のおそばのおいしさは春の香とともに元気をいただきました。（M・Iさん）

★大谷講師と行く国立大学通りの桜 出発は根川緑道

2011年4月7日実施

＊毎年桜の季節になると、駅舎から眺めるだけでなくあの下で歩きたいと願っていました。今年はそこで満開の桜並木を愛でながら散策できて大変幸せでした。道端の可憐な花々おまけに沢山のオタマジャクシにも出会えました。参加させていただいて本当に良かった!! ビューポイントではかすんではいましたが雪をかぶった富士山も見ることができ満足の散策でした。（M・Iさん）

★～豊泉さん家のすまいるキッチン 春編～“旬鮮野菜”を森の中のキッチンで美味しく召し上がりませんか

2011年4月11日実施

＊春の野菜を使い、いろいろな料理をみんなで作り、おいしく食べさせていただきました。とても楽しかったです。秋のすまいるキッチンも楽しみにしています。（I・Tさん）

★早春の桜ケ丘公園から原峰公園

2011年2月26日実施

＊百草園から桜ケ丘公園まで春の一日を友と歩いたことがありました。鎌倉街道がこんな所を走っているなんてと驚いたことを思いだす今回の散策でした。満開のマンサクに里山に香る梅の花々に、そして乞田川では、サッと飛び去るカワセミ、水の中をたくみに泳ぐカワウ、そしてサギ、川辺にはジョービタキ等々、出掛けることでめぐり逢える自然の営みに目をうばわれる楽しい楽しい散策でした。有難うございました。（M・Iさん）

★沼津アルプス大縦走 後篇

2011年2月28日実施

＊冷たい雨にも文句ひとつ出ず登る仲間の姿勢に感心いたしました。さすが多摩らいふのメンバーだと思います。特に女性軍はすごい！こんな雨の日は事務局の人は気を遣われると思います。事務局スタッフの「雨が途中で降っても下山する訓練にもなります」は至言です。この倶楽部に参加して私自身が強くなりました。その与えられた条件の中で細心の注意で完成されることです。（K・Hさん）

★ひだまりハイキング「日和田山」

2011年3月6日実施

＊タイトル通りの“陽だまり”という言葉がピッタリの暖かい良い天気に恵まれ楽しいハイキングでした。日和田山へ登る途中の男坂の岩場の所は皆真剣に歩き、人の話を聞いて笑いをこらえて歩いたり…ユガテではのどかな春を味わったり…。と楽しい一日でした。帰りには時間がなかったせいでストレッチがなかったのが残念でした。（O・Sさん）

★会員さんから聞いたちょっといい話　金魚椿がくれた友情の輪（和）

＊もう10年くらい前になるかしら。多摩らいふ倶楽部のイベントで行ったお寺で見た「金魚椿」が忘れられず、友人に話したら、親戚にあったからと一枝持ってきてくれたの。数日その花を楽しんだ後、植木を上手に育てているお隣さんに託したら、挿し木をしてくださり、「根がついたわよ」「大きくなったわよ」と都度見せて頂いていたの。10年たって「やっと一輪の花が咲いたわ」と持ってきてくれたので、我が家で2日楽しんで、友人宅に回し2日、そのまた友人宅でも楽しんでもらったの。こんな所でも多摩らいふ倶楽部の輪（和）が広がってると思うと、とっても嬉しくってね。（T・Mさん）

【注】金魚椿：葉の先端が三つに分かれているのが、金魚の尾のようであることからつけられた名前だそうです。

170 かわら版

お問い合わせ・お申込みは
多摩らいふ倶楽部事務局 042-526-7777 9時～16時（土・日・祝日を除く）
※ 電話番号はお間違いのないようにお願いします。

御岳山農業体験のご案内

御岳登山鉄道・御岳山観光協会が主催する農業体験イベントに参加しませんか？
今年で3年目を迎え、美味しい野菜やそばが食べられると、評判です。

2011年の予定

日　程	主な作業内容
7月23日（土）9:00 ～ 12:30	畑の耕作・ジャガイモの収穫
8月20日（土）9:00 ～ 12:30	秋そば・大根の種まき
10月1日（土）9:00 ～ 12:30	鳥除けネット設置
11月5日（土）9:00 ～ 12:30	秋そば・大根の収穫
11月19日（土）9:00 ～ 12:30	そばの脱穀作業

集　合 御岳山ケーブルカー「滝本駅」9:00
講　師 武蔵御嶽神社神主　片柳 至弘（山楽荘18代当主）
参加費 各2,500円（ケーブルカー往復運賃・講師料・お土産代）
持ち物等 作業が出来る服装、長靴か汚れても良い靴（ハイカットの靴が良い）、軍手、タオル（着替える場所はあります）
受　付 各日程の3週間前より受付開始、3日前締切
お申込み・お問い合わせ 御岳登山鉄道　0428-78-8121（担当：山本）

御岳山と周辺で優待サービスが受けられる施設のご案内
（多摩らいふ倶楽部会員証をご提示ください）

- 御岳山観光協会加盟店舗
  売店・食堂5%引き（1,000円以上、現金のみ）
  宿泊5%引き（カード払い不可）
- 御岳登山鉄道　ケーブルカー割引（会員のみ）
- 櫛かんざし美術館・玉堂美術館・せせらぎの里美術館・御岳美術館・土鈴展示館「鈴蔵」・北島自然野草園

★多摩らいふ倶楽部では、今年の農業体験の集大成「御岳山で採れた新そばを楽しむ会」を予定しています。

すまいる相談会

Smile Plaza

主催：たましんすまいるプラザ
お申込み・お問合せは下記のすまいるプラザまで

多摩らいふ倶楽部会員の皆さまはもちろん、どなたでもお気軽に参加できる相談会です。

各分野の専門家や専門スタッフが、くらしの身近な疑問にお応えします。

社会保険労務士による年金相談会

年金に関わる不安、疑問についてお応えします。
講師：多摩信用金庫 社会保険労務士　吉川 義夫
6月25日（土）13:00 ～ 17:00　会場:すまいるプラザ立川
7月16日（土）15:00 ～ 17:00　会場:すまいるプラザ国立

住宅ローン相談会

新規のお借り入れ、借り換え、資金計画など、住宅ローンの不安を解消！
講師：多摩信用金庫 住宅ローンセンター
6月18日（土）14:00 ～ 17:00　会場:すまいるプラザ武蔵村山
6月25日（土）14:00 ～ 17:00　会場:すまいるプラザめじろ台

住宅ローン相談会

新規のお借り入れ、借り換え、資金計画など、住宅ローンの不安を解消！
講師：すまいるプラザスタッフ
6月26日（日）13:00 ～ 16:00　会場:すまいるプラザ吉祥寺

暮らしの税務相談会

相続税・固定資産税など暮らしに密着した税金に関する相談会です。
講師：税理士法人 弓家田・富山事務所 税理士　弓家田 良彦
6月25日（土）14:30 ～ 17:00　会場:すまいるプラザ八王子

たましん「すまいるプラザ」は
暮らしのこと・住まいのこと・お金のこと
お気軽に相談できるスペースです。

是非お気軽に
お立ち寄り下さい。

お申込み・お問い合わせ

すまいるプラザ国立	すまいるプラザ武蔵村山	すまいるプラザ立川	すまいるプラザ吉祥寺	すまいるプラザめじろ台	すまいるプラザ八王子
たましん国立支店2F・3F ●営業時間／平日9時~19時 ／土日11時~17時 ●定休日／祝日・12/31~1/3	イオンモールむさし村山ミュー1F ノースコート東入口横 ●営業時間／10時~19時 ●定休日／12/31~1/3	ルミネ立川B1F (JR立川駅ターミナルビル) ●営業時間／10時~19時 ●定休日／ルミネ立川休業日・12/31~1/3	たましん吉祥寺支店2F ●営業時間／平日9時~19時 土日10時~17時 ●定休日／祝日・12/31~1/3	たましんめじろ台支店2F ●営業時間／平日9時~19時 土日11時~17時 ●定休日／祝日・12/31~1/3	たましん八王子駅前支店 ●営業時間／平日9時~19時 ／土日・祝日10時~19時 ●定休日／12/31~1/3
TEL 0120-789-440 FAX 042-574-1922	TEL 0120-562-531 FAX 042-562-5990	TEL 0120-667-646 FAX 042-527-6914	TEL 0120-771-313 FAX 0422-21-2072	TEL 0120-778-480 FAX 042-663-5092	TEL 0120-530-711 FAX 042-621-5720

※会員＝多摩らいふ倶楽部会員

2011 8月の

多摩らいふハイク

散策	・高低差100m程度、ゆっくり歩きます。 ・歩き慣れていない人でもお気軽に。
ハイキング	・高低差500m程度、靴やザックなど充分な装備が必要。 ・バスで遠方へ出かけることも。
登山	・高低差1,000m以上になる場合も。 ・体力、登山技術が必要となり、歩行時間が長くなる場合も。

日時	レベル	タイトル／講師	内容	参加費・定員	行程	備考 コース記号
4日(木) 7:00～20:00	ハイキング 体力度★★ 技術度★	アルプスの展望台 高ボッチ山から鉢伏山 講師：日本体育協会公認 山岳上級指導員　小尾 健一	標高1,665mの高ボッチ山は雄大なパノラマが得られる場所として人気のある山です。夏でも平均気温が20℃前後で比較的気持ちよいハイキングが楽しめます。鉢伏山でも名だたる山が展望できます。	8,700円（入浴料含む） 定員24名（最少催行人数18名）	集合：JR八王子駅南口 たましん旧八王子駅前支店前 八王子→岡谷→高ボッチ高原荘～高ボッチ山～横峰～牛伏寺分岐～鉢伏山～扉温泉（入浴）→諏訪→八王子 歩行時間：6時間	長野 H14-1082
12日(金) 9:00～15:30	散策 体力度★	東京下町散策 講師：山岳紀行・ガイド本著作者、日本山岳会会員　守屋 龍男	外国からの観光客の多くは、浜離宮や浅草を見学します。超近代ビルの中の日本庭園や、水上バスから見る隅田川沿いの風景や、外国からの観光客が好むコースを散策しながら、東京を再発見してみませんか。	2,400円 (別) 定員30名	集合：JR新橋駅汐留口改札口前 新橋駅～旧新橋駅～浜離宮（園内散策）→（水上バスで移動）→浅草～浅草寺～自由昼食～隅田公園～スカイツリー（路上見学）～業平橋駅 歩行時間：3時間30分	東京 H05-1083
17日(水) 7:00～18:30	ハイキング 体力度★★ 技術度★	西上州の「マッターホルン」と呼ばれる 小沢岳へ 講師：日本体育協会公認 山岳上級指導員　岩丸 武	小沢岳は西上州のマッターホルンと呼ばれている山です。展望も抜群で浅間山から上毛三山、そして八ヶ岳連峰も眺められます。歩行時間も4時間余りですのでハイキングに適したコースです。	8,400円 定員24名（最少催行人数18名）	集合：JR青梅線河辺駅改札口前 河辺→青梅→下仁田→七久保入口～八倉峠分岐～椚峠～前衛峰～小沢岳～前衛峰～椚峠～～八倉峠分岐～七久保入口→下仁田→青梅→河辺 歩行時間：4時間30分	群馬 H13-1084
20日(土) 7:30～16:00	登山 体力度★★ 技術度★★	鷹ノ巣山と緑深い浅間尾根、そして水根沢を結ぶ 講師：奥多摩登山ガイド 堀口 行雄	夏の緑深い尾根と沢筋を歩きながら涼しさの違いを体感します。鷹ノ巣山頂は展望に恵まれた山で晴天の日なら雪のない富士山や南アルプスを一望できます。	3,000円 (別) 定員30名	集合：JR青梅線奥多摩駅改札口前 奥多摩駅→峰谷～奥集落～[浅間尾根]～鷹ノ巣山～[水根沢]～奥多摩湖→奥多摩駅 歩行時間：6時間30分	多摩 H26-1085
23日(火) 7:15～20:00	登山 体力度★★ 技術度★★	展望と花の山 水ノ塔山・籠ノ登山 講師：㈳日本山岳ガイド協会公認 山岳ガイド　佐藤 優	水ノ塔山・籠ノ登山は浅間連峰の真ん中に位置する展望と花の山です。浅間山、四阿山を間近に望みながらマツムシソウが咲く登山道を歩きます。	9,000円（入浴料含む） 定員24名（最少催行人数18名）	集合：JR青梅線河辺駅改札口前 河辺→青梅→小諸→高峰温泉～水ノ塔山～籠ノ登山～池の平駐車場→(入浴)→東部湯ノ丸→青梅→河辺 歩行時間：4時間	長野 H22-1086
28日(日) 9:45～15:30	散策 体力度★★	払沢の滝から伝説の檜原を歩く 講師：NHK文化センター野外講座 講師　榎本 嘉明	名瀑百選の払沢の滝から、鎌倉幕府の命で甲州武田軍の侵攻を防ぐ為に築城された檜原城跡・城主平山氏神の悲愴な伝説を、路傍に咲く名も無き花を見ながら訪ねて歩きます。	2,400円 (別) 定員30名	集合：JR五日市線武蔵五日市駅改札口前 武蔵五日市駅→払沢の滝入口～払沢の滝～北秋川遊歩道～千足・御霊檜原神社～春日神社～吉祥寺～檜原城跡～吉祥寺滝～本宿役場前→武蔵五日市駅 歩行時間：3時間	多摩 H07-1087

●体力度、技術度について

散策　★の数が多いほど歩行距離・時間が長く、難易度が増します。

ハイキング／登山　★の数が多いほど難易度と技術度が増します。

●歩行時間について

昭文社発行の5万分の1「山と高原地図」を参考にし、休憩時間をプラスしています。

バス利用

項目の見方　花を楽しむ　展望を楽しむ　入浴付き　(別) 別途、路線バスやタクシー代、入園料などがかかります。

●多摩らいふハイク参加上のご注意

■ 参加費について

- 参加費は平成23年6月現在の料金です。諸設備料金改定等やむを得ない事情により、参加費が変更になる場合があります。
- 参加費に含まれるもの：日程に明記した交通費・宿泊・食事代・諸税・講師料等。なお、お客さまの都合により、一部を利用されなくても払い戻しいたしません。
- 参加費に含まれないもの：個人的性格の費用（日程表に明示されていない飲食代等）、傷害、疾病に関する医療費、任意の傷害保険料、自宅から集合場所までの交通費等。

■ 取消料　69ページの表をご参照ください。

■ 旅行契約の成立について

- 契約の成立は当倶楽部の承諾と参加費の受理をもって成立するものとし、成立日は当倶楽部が参加費を受理した日とします。

■ 行程について

- 行程については現地の状況、その他の理由によって変更することがあります。

■ 集合について

- 集合時間と出発時間は一緒です。時間厳守でお願いします。原則として出発時間になりましたら出発します。
- 公共交通機関の時刻変更等により、出発時間が変わることがあります。

■ 装具について

- 参加券等でご案内する装具を各自ご用意ください。

※万一、体調不良、または装具が不十分な場合、参加をおことわりすることもあります。

■ 任意保険のおすすめ

- 安心のために、ご自身で傷害保険（疾病・傷害・盗難等）に加入されることをお勧めいたします。ご希望により任意の傷害保険に加入できます。事務局にお問い合わせください。

多摩らいふハイク申込方法

受講には、「多摩らいふ倶楽部」への入会が必要です。
（同時入会も受付けます）

- 電話、FAX、官製ハガキ、本誌巻末のハガキでお申込みください。同時入会の方はその旨をお知らせください。
- 平成23年**7月11日（月）**までの受付分に関して申込み多数の場合は、コース毎に抽選し、結果のご連絡とともに、当選の方には参加案内と振込用紙をお送りします。内容をご確認の上、期日までにお振込みください。なお、締切日以降は定員まで先着順に受付け、随時ご案内をお送りします。

※「多摩らいふ倶楽部JCBカード」をお持ちの方は、参加費納付方法をカード引落とし、または振込みのどちらかを選ぶことができます。受付時にお申付けください。

※グループでの抽選をご希望の場合は、申込時にその旨をお申付けください。

※定員を大幅に超えた場合はコースの増設、最少催行人数に満たない場合は中止することがあります。

お問い合わせ・お申込み　多摩らいふ倶楽部事務局

TEL：042-526-7777　9:00～16:00（土・日・祝日を除く）

FAX：042-521-2225　24時間受付

※ 番号はお間違いのないようにお願いします。

あなたの歩きたいを具体的に応援します

多彩な講師陣の指導のもと、「安全で楽しい」を合言葉に、多摩地域はもちろん、近郊の山から遠隔地へも出掛けています。

2011 9月の

多摩らいふハイク

ポイント

●選べる自由さが魅力
・散策から登山まで、体力度や曜日で選べる
・個性・経験・知識豊かな講師陣

●初心者や久しぶりの人、一人参加も安心
・講師の他にスタッフが必ず一人以上同行
・安心してできる仲間作り

●予定が立てやすい2ヵ月毎の募集
・多摩と近郊を中心に、季節感を盛り込んだバラエティ豊かなコース

日 時	レベル	タイトル／講師	内 容	参加費・定員	行 程	備考 コース記号
4日(日) 8:30 ～14:30	散策 体力度★★★	涼しさ漂う 海沢の滝巡り 講師：奥多摩登山ガイド 堀口 行雄	季節の上では秋とはいえ、まだまだ暑さの残る時期ですが、飛沫を浴びて滝周辺は涼しさが漂います。海沢谷(林道)を遡行しながら滝や谷の様子を見て歩きます。御岳山頂駅からスカイツリーが見られるかも。	3,000円 （ケーブルカー代含む） 定員30名	集合：JR青梅線白丸駅改札口前 白丸駅～白丸湖～[海沢林道]～海沢三滝～大楢峠～[裏参道]～御岳山ケーブル山頂駅→滝本駅 歩行時間：4時間	多摩 H07-1088
7日(水) 6:30 ～20:00	登山 体力度★★★ 技術度★★	丹沢山塊の山 「檜洞丸」へ 講師：日本体育協会公認 山岳上級指導員　岩丸 武	檜洞丸は多摩地区から日帰りでは行きづらい山です。日照時間もまだ長く、暑さも幾分和らぐこの時期に登ってみましょう。ツツジ新道を登りますので、未登の方は是非挑戦してみませんか。	7,800円 定員24名 （最少催行人数18名）	集合：JR八王子駅南口 たましん旧八王子駅前支店前 八王子→西丹沢自然教室～ゴーラ沢出合～展望園地～石棚山分岐～檜洞丸山～石棚山分岐～展望園地～ゴーラ沢出合～西丹沢自然教室→八王子 歩行時間：6時間30分	神奈川 H23-1089
13日(火) 7:30 ～20:00	ハイキング 体力度★★ 技術度★	秋の花を楽しむ 湯ノ丸山 講師：㈳日本山岳ガイド協会公認 山岳ガイド　佐藤 優	ツツジで有名な湯ノ丸山ですが、秋もまた様々な花が咲き誇ります。山頂付近では高山植物のイワインチンの珍しい群落を見る事ができます。残暑の東京を離れて、初秋の山歩きを楽しみましょう。	8,900円 （入浴料含む） 定員24名 （最少催行人数18名）	集合：JR青梅線河辺駅改札口前 河辺→青梅→小諸→地蔵峠～中分岐～鞍部～湯ノ丸山～霧鐘塔→地蔵峠→（入浴）→東部湯ノ丸→青梅→河辺 4時間	長野 H12-1090
16日(金) 7:00 ～19:30	登山 体力度★★★ 技術度★★	静寂の奥秩父を歩く 熊倉山 講師：日本体育協会公認 山岳上級指導員　小尾 健一	秩父盆地の西に奥秩父特有の森林に囲まれた静かな山があります。かつてこの山で埼玉国体が開催されたこともあり、登山道は整備されていますが登山の歴史は浅いようです。	8,200円 定員24名 （最少催行人数18名）	集合：JR青梅線河辺駅改札口前 河辺→花園→秩父→白久～登山口～（林道コース）～高根～熊倉山～笹平～（日野コース）～熊倉山登山口～武州日野→秩父→花園→河辺 歩行時間：7時間	埼玉 H25-1091
21日(水) 10:00～ 19:00	登山 体力度★★ 技術度★★	富士山展望の山 高畑山と倉岳山に登る 講師：山岳紀行・ガイド本著作者、日本山岳会会員　守屋 龍男	中央線の四方津・鳥沢駅辺りから南側には屋根の形でどっしりとした山々が聳えています。山頂からの展望が素晴らしく、富士山も手に取るように見えます。	4,000円 （入浴料含む） 定員24名	集合：JR中央線鳥沢駅改札口前 鳥沢駅～小篠貯水池～石仏～高畑山～天神山～倉岳山～立野峠～浜沢→秋山温泉（入浴）→八王子 ※温泉の無料送迎バスを利用します。 歩行時間：5時間30分	山梨 H23-1092
26日(月) 10:00～ 16:30	散策 体力度★	秋を告げる野の花を 探しに行こう 講師：NHK 文化センター野外講座 講師　榎本 嘉明	野に咲く花には楽しい「名」が多い。谷戸田では「タカサブロウ」「秋の鰻つかみ」、里山では寄生植物の「南蛮煙管（ナンバンキセル）」など……名前と謂れを知ると歩く楽しさが倍増します。	2,400円 定員30名	集合：JR五日市線武蔵五日市駅改札口前 武蔵五日市駅～林道～谷戸田～大悲願寺～大光寺～小峰公園（里山）～広徳寺～田園風景～河川公園～武蔵五日市駅 歩行時間：2時間30分	多摩 H01-1093
29日(木) 7:30 ～17:00	ハイキング 体力度★ 技術度★	360 度の大展望！ 飯盛山へ眺望ハイク 講師：㈳日本山岳ガイド協会公認 ガイド　中島 政男	茶碗に飯を盛ったような形に見えることから「めしもりやま」と名づけられたこの山は、南アルプスの山々や八ヶ岳連峰そして奥秩父など、素晴らしい眺望が楽しめる場所です。開放感にもあふれています。	8,500円 定員24名 （最少催行人数18名）	集合：JR八王子駅南口 たましん旧八王子駅前支店前 八王子→長坂→平沢峠～獅子岩～平沢山～飯盛山～平沢牧場～平沢～千ヶ滝～清里→長坂→八王子 歩行時間：4時間	山梨 H14-1094

イベント参加上のご注意

● バス利用マークのあるイベントについて

〔旅行条件要約〕詳しい旅行条件を説明した書面をお渡ししますので、事前にご確認の上お申込みください。

1. 募集型企画旅行契約

(1) この旅行は、郵船トラベル株式会社（以下「郵船」といいます。）が企画・実施する旅行であり、この旅行に参加されるお客さまは、郵船と募集型企画旅行契約（以下「旅行契約」といいます。）を締結することになります。
(2) 郵船は、お客さまが郵船の定める旅行日程に従って運送・宿泊機関等の提供する運送・宿泊その他の旅行に関するサービスの提供を受けることができるように、手配し、旅程管理することを引き受けます。
(3) 旅行契約の内容・条件は、出発前にお渡しする旅行条件書、確定書面（最終旅行日程表）及び当社旅行業約款（募集型企画旅行契約の部）によります。

2. 旅行のお申し込みと契約の成立時期

(1) 旅行にご参加頂く場合は、「多摩らいふ倶楽部」への入会が必要です。（同時入会も受け付けます。）
(2) 電話またはFAXでお申込みください。同時入会の方はその旨をお知らせください。
(3)「多摩らいふ倶楽部JCBカード」をお持ちの方は、旅行代金支払い方法をカード引き落とし、または振込のどちらかを選ぶことができます。受付時にお申し出ください。
(4) 平成23年7月11日（月）までの受付分に関して申込多数の場合は、コース毎に抽選し、結果をご連絡と共に、当選の方には参加案内と振込用紙をお送りします。内容をご確認の上、期日までにお振り込みください。（同時入会の方には入会申込書も同封します。）なお、締切日以降は定員まで先着順に受け付け、随時ご案内をお送りします。
(5) 旅行契約は、旅行代金を受領したときに成立するものといたします。

3. 旅行代金に含まれるもの

(1) 日程に明示した運送機関・宿泊機関の運賃・料金、食事代、講師料、及び消費税等諸税など。
(2) お客さまの都合により、一部利用されなくても払い戻しは致しません。
(3)「日程表」に記載された運送機関・宿泊機関・施設等やむを得ない事情により、旅行代金が変更になる場合があります。

4. 旅行代金に含まれないもの

(1) 個人的性質の費用（日程表に明示されていない飲食代、施設等の入場料など）
(2) 傷害、疾病に関する医療費
(3) 任意の旅行傷害保険
(4) 自宅から発着地（又は集合・解散場所）までの交通費・宿泊費等

5. 最少催行人員

各コースの定員に付記しています。最少催行人員に満たない場合は、旅行を中止することがあります。その場合は、郵船または多摩らいふ倶楽部事務局よりお客さまへご連絡致します。

6. 定員

(1) お申込みが定員を超えた場合は、コース毎に抽選します。なお、抽選については、多摩らいふ倶楽部事務局が行います。
(2) グループでの抽選をご希望の場合は、申込時にその旨をお申し出ください。お申し出がない場合は、ご希望に添えない場合があります。
(3) 定員を大幅に超えた場合には、コースを増設することがあります。

7. 添乗員　添乗員は同行しませんが、講師と多摩らいふ倶楽部事務局のスタッフが同行します。

8. 行程について　天候、交通事情、現地事情、その他の事由により、行程が変更される場合があります。

9. 集合について

(1) 集合時間と出発時間は同じです。時間厳守でお願い致します。原則として出発時間になりましたら出発させて頂きます。乗り遅れが生じた場合は、取消料が必要となります。
(2) 公共交通機関の時刻変更等により、出発時間が変わることがあります

10. 旅行契約の解除

旅行契約成立後、お客さまの都合で契約を解除される場合は、次の金額を取消料として申し受けます。なお、契約解除の適用日は、お客さまからの解除通知が郵船に届いた営業日とします。

契約解除の日　旅行開始日の前日から起算して遡って	取消料
① 20日目(日帰り旅行にあっては10日目)～8日目	旅行代金の 20%
② 7日目～2日目	旅行代金の 30%
③ 旅行開始日の前日	旅行代金の 40%
④ 旅行開始当日	旅行代金の 50%
⑤ 旅行開始後又は無連絡不参加	旅行代金の 100%

11. 任意保険のおすすめ

安心のために、ご自身で傷害保険（疾病・傷害・盗難等）に加入されることをお勧めします。ご希望により任意の傷害保険に加入できます。事務局にお問い合わせください。

12. 個人情報の取扱いについて

お客さまから頂いた個人情報について、郵船はお客さまとの連絡のために利用させて頂くほか、お客さまがお申込み頂いた旅行において運送・宿泊機関等の提供するサービスの手配及びそれらのサービスの受領のための手続に必要な範囲内で利用させて頂きます。

13. 旅行条件・旅行代金の基準

この旅行条件は、平成23年　月1日を基準としています。また、旅行代金は平成23年　月1日現在の有効な運賃・規則を基準として算出しています。

<旅行企画・実施>郵船トラベル株式会社／東京都千代田区神田神保町2-2 波多野ビル　東日本営業2部
TEL:03-5213-6237／観光庁長官登録旅行業第1267号　総合旅行業務取扱管理者：川口 博／㈳日本旅行業協会　正会員/ボンド保証会員/旅行業公正取引協議会会員

※会員＝多摩らいふ倶楽部会員

遊遊プラン

・国内から海外 1,350 都市の 50,000 カ所以上の宿が優待価格でご利用いただけます。
・対象は多摩らいふ倶楽部会員及び同行の方です。

ご利用方法はこちら

1

多摩らいふ倶楽部の会員になったら予約センターに電話！

国内・海外 50,000 ヶ所以上の宿が優待料金で掲載されたガイドブックを購入！

1,260円（税、送料込み）

2

届いたガイドブックをチェック！

行きたい宿を見つけて予約センターへ電話で申し込み！

オペレーターがお客さまのご希望に沿った宿を予約手配。
送付された確認書を持って、宿へ行くだけの簡単・便利な旅行プランです！

お申込み・
お問い合わせは
リゾートソリューション
多摩らいふ倶楽部予約センター
03-3344-8860へ

3

リゾートソリューション ご案内施設一例

例 ①　水上温泉 水上館

昭和2年（1927）創業。多くの文人墨客に愛されてきた名湯として知られています。

例 ②
ホテルリソル池袋

1泊素泊り4,000円～

東京観光、旅行やビジネス出張にとても便利なロケーションにございます。

チケット サロン TAMA guichet ギシエ

申込受付

電話で先着順に受付けます。（6/13～）
（FAX・eメールは不可）
受付電話番号　042-526-7777
※電話番号はお間違いのないようにお願いします。
受付時間　9時～16時（土・日・祝日を除く）

*ギシェとはフランス語で劇場の切符売場のことです。

ご注意

・お申込みはお一人様一公演につき、4枚までとさせていただきます。
・各公演毎に申込締切日が異なります。
・申込締切後、事務局より電話で確認させていただきます（確認後のキャンセルはできません）。
・確認後チケットと振込用紙を簡易書留郵便で発送します。お振込みいただく金額は、チケット代金及び送料（一公演につき380円）の合計となります。お受取り後1週間以内にお振込みください。
※ 配席は劇場及び事務局に御一任いただきます。

アミューたちかわ 大ホール　10席

青春のグラフィティ Vol.6　伊勢正三・山本潤子 with 海援隊 アコースティック・コンサート

2011年 7月23日（土） 17:30開演　T5004

アミューオリジナル企画シリーズ第6弾。70年代フォークの名曲と彼らのトークをお楽しみください。

S席6,000円を 5,700円
申込締切：6月29日（水）

アミューたちかわ 大ホール　10席

松竹新派特別公演「女の一生」

2011年 9月7日（水） 14:00開演　T5005

今は亡き大女優・杉村春子が生涯を賭けて演じ続けた不朽の名作を、新派の名優・波乃久里子が豪華な共演者を迎えて贈ります。

S席5,000円を 4,700円
申込締切：6月29日（水）

明治座　10席

美川憲一・研ナオココンサート ゲスト：マツコ・デラックス

2011年 8月16日（火） 14:00開演　T5008

百“歌”繚乱!!　極上のステージと、爆笑のトーク!!　日替りゲストにマツコ・デラックスを迎えます。

A席9,500円を 9,000円
申込締切：7月20日（水）

アミューたちかわ 大ホール　各10席

平成23年　（社）全国公立文化施設協会主催 西コース　松竹大歌舞伎

2011年 9月25日（日） 13:30開演　T5006　**18:00開演**　T5007

演目：一、雨の五郎　長唄囃子連中
　　　二、義経千本桜　二幕　下市村茶店の場、同　釣瓶鮓屋の場

昼の部：S席5,500円を 5,200円　夜の部：S席5,000円を 4,700円
申込締切：6月29日（水）

⑰から版

お問い合わせ・お申込みは

多摩らいふ倶楽部事務局　042-526-7777　9時〜16時（土・日・祝日を除く）

※ 電話番号はお間違いのないようにお願いします。

読者プレゼント

応募方法

下記のアンケートハガキに希望番号と住所、氏名、年齢、職業、電話番号などを記入してお送りください。

●応募締切：2011年7月31日（当日消印有効）

●当選発表：商品発送をもって発表にかえさせていただきます。

1 手作り郷土料理の店 翔 「村山かてうどん」お食事券

52頁掲載の「手作り郷土料理の店 翔」の、武蔵村山の伝統食を味わえるお食事券。ご自宅を改装したという店内で、くつろぎのひと時をお楽しみください。

T5011

2組4名

2 アイス工房 ヴェルデ ジェラート引換券

16頁掲載の「アイス工房 ヴェルデ」のお好きなジェラート（シングル）を3組6名様に。自家牧場のしぼりたて牛乳で作ったおいしさをぜひ味わってみてください。

T5012

3組6名

3 武蔵村山市オリジナル MMペン

26頁掲載。普通のボールペンに見せかけて、中から出てくる武蔵村山のあんな風景こんな風景！　眺めているだけで心が和む、ちょっと素敵なボールペンです。

T5013

5名

4 『武蔵武士』上・下・続

19〜21頁など、市民リポーターとして参加してくださった郷土史研究の成迫政則さんの著書『武蔵武士』を3巻セットで。全国に展開した武蔵武士たちの史跡を辿りました。

（提供／成迫政則）

T5014

5名

5 『汗と感動の学校づくり』

同じく成迫政則さんの著書。学校が不足するカンボジアで、小山内美江子さん代表の「JHP学校をつくる会」に参加。さらに実際に自己資金で学校を建設するまでの国際貢献記録です。

（提供／成迫政則）

T5015

5名

切りとり線

「多摩ら・び」読者アンケート　T5016

●本誌をお読みになって、興味をもった記事、取り上げてほしいテーマ、その他自由な感想をお聞かせください。また多摩らいふ倶楽部についてご意見、取り上げてほしい企画・イベントがあればご記入ください。　No.68

入

ご協力ありがとうございました。今後の企画の参考にさせていただきます。お寄せいただいた感想は、『多摩ら・び』誌上などに掲載させていただくことがありますので、ご了承ください。

※このアンケートを『多摩ら・び』などへの掲載を希望されない方は右欄に☑印をおつけください。　☐

折れ線

郵便はがき

料金受取人払郵便

立川支店承認

267

差出有効期間
平成24年11月30日
まで（切手不用）

190-8790

立川市曙町2-38-5
立川ビジネスセンタービル7F

株式会社多摩情報メディア
多摩らいふ倶楽部事務局 行

切りとり線

読者プレゼント　T5011〜

★ご希望の商品の番号に○をおつけください。
（プレゼントの詳細は上記をご覧ください）

1.　2.　3.　4.　5.

入

多摩に生きる大人のくらしを再発見する TAMA-La vie
2011・6
多摩ら・び
No.68

第15巻第2号（通巻第68号）定価500円（本体価格476円）
2011年6月15日発行
ISBN978-4-87751-443-3

編集後記

★市の東端から西端まで寺社を巡ったり、キンボールやストレッチに参加したり、最終バスに間に合うように走ったり……なんだかアクティヴな記憶が残ります。震災・計画停電・燃料不足という未曾有の混乱の中、取材活動に奔走してくださった市民リポーターの皆様、本当にありがとうございました。（吉）

★取材後、次に来るバスまで時間があいていると、「どこまでいくの？ 車で送ってくよ」と目的地まで送って頂くことが度々ありました。その優しい心遣いは車内で見事に私に伝染し、その日一日ほんわかした気持ちでいられるのでした。皆様、どうもお世話になりました！（三）

■企画
多摩信用金庫

■発行所
株式会社多摩情報メディア
多摩らいふ倶楽部事務局
〒190-0012
立川市曙町2-38-5
立川ビジネスセンタービル7F
TEL 042（526）7777
FAX 042（521）2225

■編集・発売
株式会社けやき出版
〒190-0023
立川市柴崎町3-9-6高野ビル
TEL 042（525）9909
FAX 042（524）7736

■編集長 吉村隆広

■編集スタッフ
梅木勝美・三森奈緒子・宮前澄子
多摩らいふ倶楽部事務局

■AD 樋口和紀

■デザイン Mtn. 山口裕美子

■製版 株式会社メイテック
出力担当 後藤直木

■印刷 株式会社 リーブルテック

【広告索引】（50音順）

のりしろ

イベント申込書

おひとりの場合①に、
おふたりの場合②の欄
にもご記入ください。

■申込者①

倶楽部会員番号
名前
電話番号

■申込者②

倶楽部会員番号
名前
電話番号

■お申込みのイベントをご記入ください

イベントNo.	月日	イベント名	申込者 ①	申込者 ②	JCB
イベントNo.	月　日	イベント名			JCB
イベントNo.	月　日	イベント名			JCB
イベントNo.	月　日	イベント名			JCB
イベントNo.	月　日	イベント名			JCB
イベントNo.	月　日	イベント名			JCB

フリガナ
お名前　　年齢　　男・女
ご住所　〒
TEL
ご職業　　お買上げ書店名

多摩らいふ倶楽部会員の方は
倶楽部会員番号をご記入ください。

多摩らいふ倶楽部の資料をご希望の方は、右欄に☑印をおつけください。

No.68

◆多摩JCB JCB 対象のイベントをお申込みの方で JCB でのお支払いをご希望の方は、上記 JCB に○印をお付けください。
◆ご記入いただいた個人情報は今回お申込みいただいたイベント・プレゼントなどの案内のみに利用いたします。
◆ご記入後、もう一度内容をご確認のうえ糊付けしてお送りください。

のりしろ

のりしろ

のりしろ